原来语文这么好玩！

语文课本里的趣味百科

六年级 上册 6A

阿尔法派童书 著

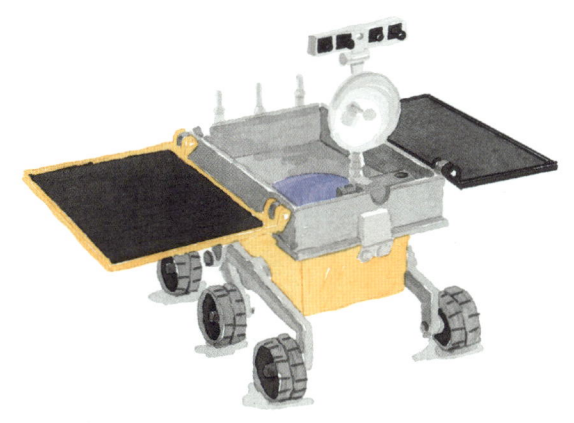

青岛出版集团 | 青岛出版社

图书在版编目（CIP）数据

语文课本里的趣味百科. 6a / 阿尔法派童书著. -- 青岛 : 青岛出版社, 2023.9
ISBN 978-7-5736-1463-6

Ⅰ.①语… Ⅱ.①阿… Ⅲ.①小学语文课 – 教学参考资料 Ⅳ.①G624.203

中国国家版本馆CIP数据核字（2023）第164550号

YUWEN KEBEN LI DE QUWEI BAIKE（6 A）

书　　名	语文课本里的趣味百科（6A）
著　　者	阿尔法派童书
绘　　图	上海宥绘文化传播有限公司　刘贝贝　徐悦然
出版发行	青岛出版社
社　　址	青岛市崂山区海尔路182号（266061）
本社网址	http://www.qdpub.com
邮购电话	0532- 68068091
策　　划	周鸿嫒
责任编辑	贾华杰　马海舟　雷倩
封面设计	文俊|1204设计工作室（北京）
制　　版	青岛乐喜力科技发展有限公司
印　　刷	青岛乐喜力科技发展有限公司
出版日期	2024年9月第2版　2024年9月第2次印刷
开　　本	16开（850毫米×1092毫米）
印　　张	10
字　　数	130千
书　　号	ISBN 978-7-5736-1463-6
定　　价	59.00元

编校印装质量、盗版监督服务电话 4006532017　0532-68068050

序言

　　有一次,我陪女儿写作业。女儿今年一年级,她的作业涉及了一本经典儿童文学作品中关于埃及探险的情节。

　　这本儿童文学作品的故事很好看,于是在我的理解里,女儿的作业将会围绕故事情节展开。

　　可是当我看到女儿的作业时,我吃了一惊。因为她的作业全是历史、科学方面的问题,而且需要她将答案写出来。

　　第一题就让我印象非常深刻:"尼罗河对于古埃及有什么作用?"

　　女儿的回答也出乎我的意料。她介绍了尼罗河周围的黑土地:黑土地有利于生产粮食,从而养活了很多人,并造就了古埃及的繁荣。

　　一个刚上一年级的孩子能洋洋洒洒写这么多内容,还能通过历史研究和科学分析提出自己的观点,这一切也让我甚感欣慰。

　　于是我开始研究起女儿老师的教案,看看是什么样的引导方式让孩子的语言表达和思辨能力有了这么大的突破。我发现,老师开展的是 liberal arts education,翻译成中文是"通识教育"。

　　通识教育的核心就是让孩子在阅读过程中学会思考,并能够运用学到的其他学科的内容来举一反三。比如,他们的语文课文中讲到了"水",老师不仅仅教孩子识字和写字,更重要的是,她还会给孩子讲关于水的科学知识,如水对于生命的重要性、水的三种状态、水循环等。通过这种方式,她让孩子对"水"有了全方位、更深入的了解。这种教学方式突破了语文的范畴，把物理、生物、地理等学科的知识融合了进去，孩子思考时也就不会局限于某个学科，而是能够融会贯通。这就是通识教育的魅力！

通识教育给了我女儿很大的帮助，也带给我很大的启发，引发了我更多的思考。

在传统的教学模式下，很多孩子非常擅长考试，却不能在其他领域很好地运用学到的知识。而且，在科技日新月异的今天，跨学科人才是未来社会发展的生力军。

这就是我们创作这套语文轻科普的原因。

这套书和语文教材的主题完全一致，却基于语文教材的内容做了很多延伸和拓展，让孩子在阅读的时候能够接触物理、天文、地理、生物、化学等众多学科的知识。它可以让孩子跳出书本里的条条框框，发散思维，去观察更广阔的世界，去探寻更多未知的奥秘。

相信这套书一定会帮孩子提高阅读水平、构建知识体系，也能启发孩子更多的思考！

目录

第一单元

1 草原
- ① 北国碧玉——呼伦贝尔草原 /6
- ② 率性粗放的草原儿女——蒙古族 /8
- ③ 你不知道的内蒙古 /10

2 丁香结
- ① 忧郁的丁香花 /13
- ② 印象派是怎么来的？/14
- ③ 斗是什么？/16

3 古诗词三首
- ① 诗坛知己——李白、孟浩然 /19
- ② 最忆是杭州 /20
- ③ 唐诗、宋词、元曲 /22

4 花之歌
- ① 花语 /24
- ② 自然界中为什么没有纯黑色的花？/26
- ③ 为什么有些花喜欢向阳而生？/27
- ④ 什么是元素？/28

第二单元

5 七律·长征
- ● 二万五千里长征 /30

6 狼牙山五壮士
- ① 红色狼牙山 /33
- ② "平平无奇"的手榴弹 /34

7 开国大典
- ① 北京城的"糖葫芦" /36
- ② 图解天安门城楼 /38

8 灯光
- ① 电和电流是怎么来的？/41
- ② 电灯的进化史 /42
- ③ 电灯是爱迪生发明的吗？/43
- ④ 大自然中的"灯" /44

9　我的战友邱少云
1. 威力巨大的火炮 /46
2. 大自然中的伪装高手 /48

第二单元

10　竹节人
1. 有趣又益智的传统玩具 /50
2. 文艺作品中的中国古代兵器 /52

11　宇宙生命之谜
1. 人类的"使者" /54
2. 火星上的"中国印迹" /56
3. 你好，外星人 /58

12　故宫博物院
1. 故宫的历史 /60
2. 影视剧里看故宫 /62
3. 故宫的珍宝 /64

第四单元

13　桥
1. 雨量是怎么测定的？ /66
2. 人类征服江河湖海的方式 /68
3. 水与地貌 /71

14　穷人
1. 海洋寻宝之旅 /72
2. 如何用渔网捕鱼？ /74
3. 俄国革命的镜子 /76

15　金色的鱼钩
1. 钓鱼不简单 /78
2. 鱼的"迁徙" /80
3. 咕咕叫的肚子 /82

第五单元

16　夏天里的成长
1. 别样的夏天 /84
2. 什么是生物？ /86
3. 铁轨连接处为什么要留缝隙？ /88

17　盼
1. 雨衣是如何防雨的？ /90
2. 酸雨的形成 /92
3. 城市中的雨水都去哪里了？ /94

第六单元

18　古诗三首
1. 黄河之水 /96
2. 绿色的"毯子" /98

19　只有一个地球
1. 地球成长记 /100
2. 地球上的水来自哪里？ /102
3. 寻找新的家园 /104

20 青山不老
1. 山坡种田为哪般？/106
2. 中国三种重要的土壤 /108

21 三黑和土地
1. 丰收和密度 /110
2. 土壤"大餐" /113
3. 味道的秘密 /114

第七单元

22 文言文二则
1. 音乐是位魔法师 /116
2. 从弦到乐曲 /118
3. 动物们的专属画师 /120

23 月光曲
1. 命运的主宰者 /122
2. 音乐的黄金时代 /124
3. 视觉知多少 /126

24 京剧趣谈
1. 梨园 /128
2. 梅兰芳和梅派 /129
3. 京剧脸谱 /130
4. 不一般的道具 /132

第八单元

25 少年闰土
1. 金属有何魔力？/134
2. 酶 /136
3. 稀奇生物是什么？/138

26 好的故事
1. 石油的前世今生 /140
2. 带你"穿越时空"的虚拟现实（VR）/143
3. 南京云锦 /144

27 我的伯父鲁迅先生
1. "跨界人才"鲁迅 /146
2. 可怕的结核病 /149
3. 我们为何相像又不像？/150

28 有的人——纪念鲁迅有感
1. 臧克家 /152
2. 被"人民永远记住"的人——文天祥 /154
3. 孺子牛 /156

第一单元

1 草原

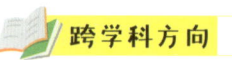
跨学科方向　地理

老舍描绘的草原是那么辽阔美丽——"在天底下，一碧千里，而并不茫茫"，草原人民又是那么热情——"来到几十里外欢迎远客"。草原，令无数人神往。现在，让我们一起走进草原，感受那里风景的优美和人民的热情好客吧！除了草原，内蒙古还有什么特别之处，我们也来一探究竟吧！

❶ 北国碧玉——呼伦贝尔草原

中国是世界草原大国，草原面积约占国土面积的 40%，比较著名的草原有**呼伦贝尔草原**、伊犁草原、锡林郭勒草原、那曲高寒草原等。其中，

呼伦贝尔草原被人们认为是"最草原"的草原。它位于内蒙古自治区东北部，总面积约 10 万平方千米，是中国目前保存较完好的草原。

呼伦贝尔草原拥有 3000 多条河流、500 多处湖泊，它正是因**呼伦湖**和**贝尔湖**而得名的。深入呼伦贝尔草原腹地，你还能欣赏到被誉为"天下第一曲水"的莫日格勒河，一代天骄成吉思汗曾在河畔秣马厉兵，最终统一蒙古各部。

良好的自然条件让呼伦贝尔草原成为以羊草、针茅、牛毛草等多年生禾草为主的优质牧场，并被誉为"**牧草王国**"。

2 率性粗放的草原儿女——蒙古族

说完了呼伦贝尔草原的美景，我们再来讲讲草原儿女。在内蒙古自治区，除了汉族外，蒙古族人口最多。《内蒙古自治区第七次全国人口普查公报》显示，蒙古族人口占全区常住人口的17.66%。

蒙古族人民每年7、8月都会举办**那达慕大会**。"那达慕"是蒙古语，意思是"娱乐""游戏"。在大会上，热情豪迈的蒙古族人民会举行"男儿三技"（摔跤、赛马、射箭）、套马、马球、蒙古象棋等各种传统活动。细心的你是不是发现了，其中许多活动都与马有关？没错，蒙古族也被称为"**马背上的民族**"，他们养马、驭马已经有千百年的历史。蒙古族自幼就在马背上长大，马不仅是蒙古族人民重要的交通工具，更是融入他们的民族文化之中。

蒙古族住的**蒙古包**也称"毡(zhān)包"，是我国北方游牧民族的传统住房。蒙古包在汉文古籍中被称为"穹庐""毡帐"等，清代才开始叫"蒙古包"，

"包"是满语"家、屋"的意思。过去游牧民族为了放牧,需要四处迁徙,蒙古包制作简便、容易搬迁,非常适合牧民的生活方式。牧民只需要在新的居住点搭建好由"套脑"(天窗)、"哈纳"(网格状木围墙)、"乌尼"(伞股式辐射的椽子)等组成的支架,再覆盖上苫(shàn)毡,用绳子固定好,家就搭建好了。

这么率性粗放的民族,饮食上自然也非常豪放。羊肉是蒙古族非常喜欢的食物,他们会烤或煮全羊,几乎不加什么调料,最多放把盐。好客的主人招待老舍他们的**手抓羊肉**就是水煮的带骨头的大块羊肉。肉煮好后,人们一手抓着肉,一手拿着蒙古刀切割着吃。**马奶酒**是蒙古族的传统酒类,用马奶发酵加工而成。你看牧民们大口吃肉,大碗喝酒,那叫一个畅快淋漓!

3 你不知道的内蒙古

你知道内蒙古有一座著名的"草原钢城"吗?"草原钢城"位于内蒙古自治区中西部,矿产资源丰富,有煤、铁、稀土金属等各种矿藏,它就是包头。直到今天,包头依然是我国重要的钢铁工业基地。

如果你是航天迷,你一定听说过接"神舟十二号""神舟十三号""神舟十四号"回家的东风着陆场。东风着陆场坐落在内蒙古自治区阿拉善盟额济纳旗境内,东南部紧邻巴丹吉林沙漠。之所以把着陆场建在这里,一个重要的原因就是其搜救优势。除了依托酒泉卫星发射中心外,这里地处戈壁荒漠,地广人稀,平坦的地势也有利于快速搜救。

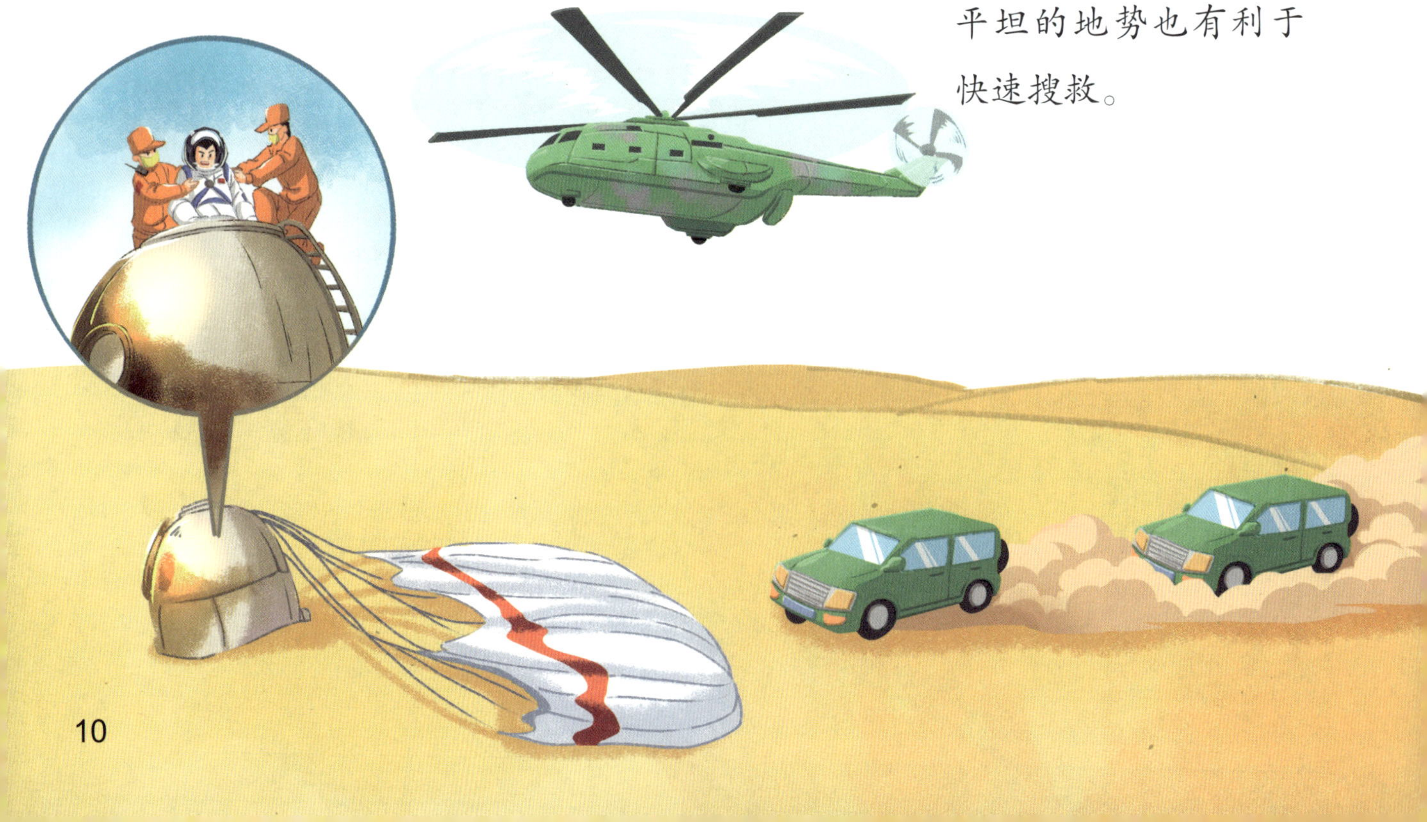

世界上有一条公认的**优质奶牛带**，这一地区气候干爽、阳光充沛、草质优良，非常适合奶牛生长，孕育出了最优质的奶源。我国内蒙古自治区的中部地区就处于优质奶牛带，我国许多知名的乳制品公司都在这里建立了生产加工基地。

❓ 智慧大作战：

请你根据给出的条件，将参加套马比赛的四位骑手与他们的名次用直线连接起来：

1. 巴图赛音骑手不是最后一名。
2. 巴图赛音骑手和巴尔特骑手都不是第一名。
3. 吉尔格勒骑手的名次低于巴图赛音骑手，高于巴尔特骑手。

2 丁香结

跨学科方向 生物、艺术、历史、物理

宗璞形容自己的"斗室"外花墙边紫色的丁香花"如同印象派的画"，还说她也不解"何以古人发明了丁香结的说法"。让我们一起来解开关于丁香结的疑惑，并了解一下印象派和斗吧！

① 忧郁的丁香花

丁香是木樨科代表植物之一。它花筒像钉子一样又细又长，而且会散发出浓郁的芳香，因此得名"丁香"。丁香的物种有很多，除了常见的紫

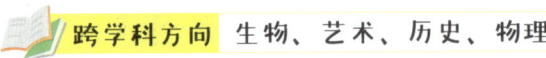

丁香、白丁香，还有红丁香、暴马丁香、花叶丁香等，它们有的在春季开花，有的在夏季开花。

　　单朵的丁香花个头极小，但它们喜欢聚集在一起，一开一大串，看起来煞是热闹。这么热闹的花怎么会成了"愁怨"的代名词呢？原来这和它的花骨朵有关系。那圆鼓鼓的花骨朵，看起来就像我们传统服饰上那些将布条扭结在一起制作而成的盘花扣，这就是我们说的"丁香结"。于是，多愁善感的文人们开始发挥想象，在诗歌中把丁香和解不开的愁绪结合在一起。比如"愁肠岂异丁香结"是说愁情就像丁香结一样郁积不开，而"丁香空结雨中愁"则是说被雨水打湿的丁香花让人想起凝结的忧愁。

2 印象派是怎么来的？

你有没有欣赏过达·芬奇的《蒙娜丽莎》？有没有被这幅画惊艳到？在西方艺术史上出现过许许多多的流派，每个流派都留下了为后人津津乐道的艺术作品。课文中提到的印象派兴起于十九世纪下半叶，那时有一批充满个性的青年画家，他们厌倦了千篇一律的古典绘画，强烈渴望对艺术进行一场大胆的革新。于是，他们来到户外，在户外光照下直接描绘景物，创作了一大批流芳百世的画作，如莫奈的《日出·印象》、马奈的《草地上的午餐》等。

但这些画作一开始并不被主流画派认可，像马奈的《草地上的午餐》就曾被拒绝展览。

达·芬奇《蒙娜丽莎》

莫奈《日出·印象》

莫奈的《日出·印象》也曾遭到当时法国主流媒体记者的嘲讽，他认为这幅画完全是凭着印象胡乱画出来的。一位参观这些画家举办的第一届"独立派"画展的批评家说："就他们描绘的不是风景本身而是风景导致的观感这一点而言，他们是印象主义者。"但没想到这些带着嘲笑味道的评语，最后却成全了这批画家，他们成了西方艺术史上名副其实的革命者，受到了大众的认可和欣赏，"印象派"也由此得名。

如果你想要欣赏印象派的画作，可不能凑近了看！这是因为印象派画的通常是稍纵即逝的瞬间，这就要求画家们要快速作画。所以，很多印象派的画作，凑近了看就是一堆模模糊糊的色块以及粗放的线条，但如果你退后几步再来欣赏这些画作，就能看到光与色在眼前活跃了起来！

3 斗是什么？

宗璞说自己的房子是"斗室"。"斗室"是指小得像斗一样的房子，形容房子极小。那"斗"是什么呢？

斗本来是我国古代一种有柄的酒器，也用作计量酒的量词。后来，"斗"字又被用来称呼一种量粮食的量器。这种量器早在先秦时期就有，通常是由木头制成的，是古代官仓、粮栈、米行等必备的用具。斗也逐渐引申为一种计量粮食的容量单位。我国古代像斗一样的容量单位还有石(dàn)、升、合(gě)等，一石等于十斗，一斗等于十升，一升等于十合。但以容积来计量粮食并不准确，并

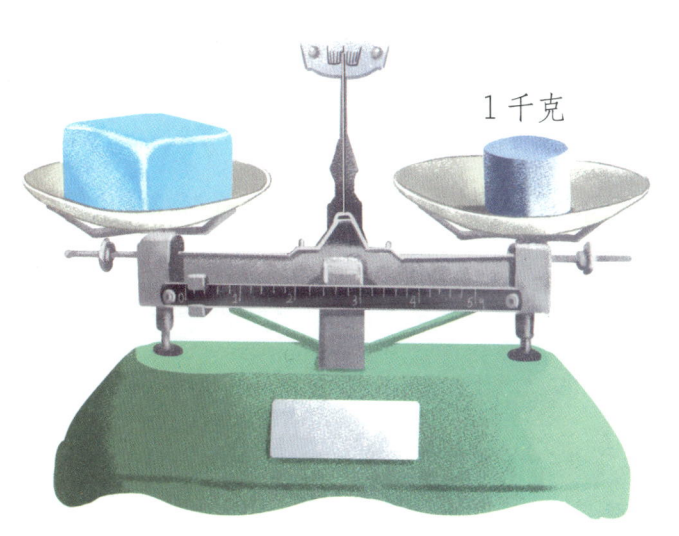

1千克

国际千克原器

且给了不少奸商缺斤少两的机会：装得密实或是松散一些，粮食的总量是不同的。

　　同学，你知道现在我们是怎么算买了多少粮食的吗？没错，是称重量！称粮食时我们常用到的单位有克、千克等。18世纪晚期，法国科学家把"千克"采用为国际单位制中质量的基本单位，并将1千克定义为1升水在4℃时的质量。后来，人们用铂铱合金制作出一个圆柱体作为千克的实物基准器，它的质量无限接近4℃时1升水的质量，它就是**国际千克原器**。

智慧大作战：

你知道问号代表的是哪个数字吗？

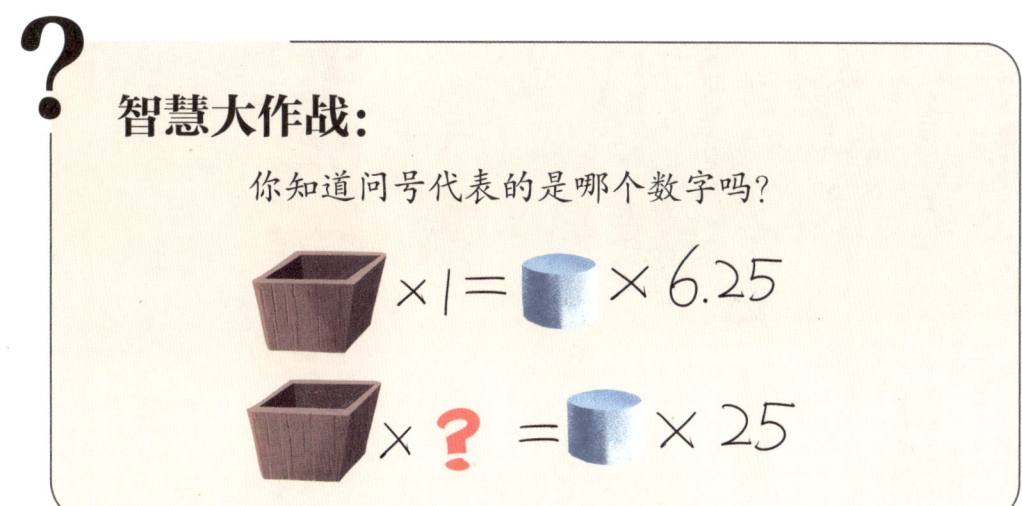

3 古诗词三首

📖 **跨学科方向** 历史、地理、文学

　　同学,在你的印象中,江南是什么模样?是不是水道上静卧着一座座石桥,街道边伫立着一溜的青瓦白墙,地面上铺着斑驳又潮湿的青石板?江南的美是如此婉约淡雅又清新灵动,勾起了文人们的万般情思,如"野旷天低树,江清月近人"的漂泊孤寂,如"卷地风来忽吹散,望湖楼下水如天"的畅快豪放,又如"稻花香里说丰年,听取蛙声一片"的怡然自得。接下来,让我们一起来了解这些文人,走进美丽的江南水乡——杭州,再聊一聊唐诗、宋词、元曲吧。

1 诗坛知己——李白、孟浩然

我们现在能读到的李白的诗中,光是写给孟浩然的就有不少,比如《赠孟浩然》《黄鹤楼送孟浩然之广陵》等。那么,孟浩然到底是怎样一个人,他又是如何和李白成为知己的呢?

孟浩然出生于盛唐时期襄州襄阳(今湖北省襄阳市)的一个诗书之家,世称"孟襄阳"。孟浩然很有才华,也怀有远大的政治抱负。他青年时虽曾过了一段隐居生活,但也是为做官做准备。他中年时曾参加科举考试,却没有"考运"。落第后他依然积极寻求机会,却始终怀才不遇,最后隐居山水之间。孟浩然是盛唐山水田园诗派的代表之一。现存的孟浩然的诗大多是五言诗,主要写隐居山水田园的逸兴以及羁旅在外的漂泊寂寞之情。

孟浩然比李白年长10多岁。李白暂居湖北安陆(今湖北省安陆市)时,经常来往于襄汉(今湖北省襄阳市和武汉市)一带,于是结识了自己仰慕已久的孟浩然。两人一见如故,诗酒趁年华,成了莫逆之交。后来,得知孟浩然要去扬州,李白便约他到武昌游玩,两人还一起游览了黄鹤楼。在孟浩然出发去扬州前,李白写下了那首著名的送别诗——《黄鹤楼送孟浩然之广陵》。

2 最忆是杭州

望湖楼在哪里？杭州。杭州不仅历史悠久、文化底蕴深厚，还有着优美的风景。难怪连白居易也说："江南忆，最忆是杭州。"

传说大禹治水成功后，要到会稽山大会诸侯，就在现在的杭州地区"舍杭登陆"（"杭"指渡船，这句话的意思是"离开渡船上岸"），于是人们把此地取名为"禹杭"，后来误传为"余杭"。秦朝、汉代、三国、两晋都在杭州地区设立了钱唐县。南朝时改县治为郡治，称钱唐郡。直到隋朝废郡为州，"杭州"这个名字才第一次出现。

说到杭州，就不得不提大名鼎鼎的京杭运河了。京杭运河是中国古代南北水路交通的主要通道，北起北京，南至杭州，连接了海河、黄河、淮河、长江和钱塘江五大水系。京杭运河开掘于春秋时期，完成于隋朝，繁荣于唐

曲院风荷　　　　柳浪闻莺　　　　花港观鱼　　　　雷峰夕照

宋，取直于元代，疏通于明清。在不同的历史时期，它都对中国社会政治、经济、文化的发展起了巨大的作用。

杭州名胜古迹众多，其中西湖是杭州的代表景点。西湖处处有胜景，最著名的是南宋定名的"**西湖十景**"——苏堤春晓、曲院风荷、平湖秋月、断桥残雪、柳浪闻莺、花港观鱼、雷峰夕照、双峰插云、南屏晚钟、三潭印月。光听名字，你是不是就能感受到浓浓的"江南味"了？

③ 唐诗、宋词、元曲

你知道唐诗、宋词、元曲有什么区别吗?

我国的诗歌有着悠久的历史，早在先秦时期就有了许多优秀的作品，如《诗经》《楚辞》等。到了唐朝，诗歌达到了巅峰，唐诗也代表着古典诗歌的最高成就。唐诗的诗体主要有古体诗、绝句和律诗等。《宿建德江》是一首五言绝句。

词也是诗歌的一种，萌芽于隋唐，在宋朝蓬勃发展，达到鼎盛。宋词是中国诗歌史上和唐诗并峙的另一座高峰。词最初是配合音乐进行演唱的。宋代词人大多是根据乐曲的调创作歌词，也就是**填词**。填词用的曲调的名称就是"**词牌**"，如《忆江南》《西江月》等。细心的同学可能要问了："我们学的这首词叫《西江月·夜行黄沙道中》，《西江月》是词牌名，那《夜行黄沙道中》是什么呀？"一开始的时候，词牌就是词的题目，大约在宋代，词牌逐渐和词的内容没有关系了，词人们就另外给词加上了题目，用来说明自己创作的动机和这首词的内容，这个题目叫作"**词题**"，《夜行黄沙道中》就是词题。

那元曲又是什么呢？元曲是**元杂剧**和**元散曲**的合称，是元代文学的代表，与唐诗、宋词并称。散曲也是诗歌，和词在形式上很相似，但是散曲形式更活泼。

4 花之歌

跨学科方向 人文、生物、化学

《花之歌》是花的自述,作者展开了奇特的想象,将花的美好展露无遗。你喜欢花吗?你养过花吗?有哪些关于花的有意思的事呢?一起来花的世界了解一下吧。

❶ 花语

我们常常会用花来表达情感与愿望,花语无声却有声。你有没有给别人送过花呢?送花也是一门学问,因为每种花都有自己的花语,也就是花的寓意,你要根据场合选择要送的花。

玫瑰的花语最为人所熟知,它象征着爱情。

看望病人时,送上一束康乃馨是不错的选择,因为康乃馨象征着祝福、真情、思念等,并且有着祝愿病人早日康复的含义。

百合花花形典雅大方，花朵清香宜人，象征着纯洁、富贵、庄严等。在中国，百合花象征着百年好合、家庭美满。

美丽的郁金香其实也属于百合科，它是土耳其、新西兰、荷兰等国的 国花。郁金香的花语为博爱、体贴、高雅、富贵、能干、聪颖等。

爱追太阳的向日葵也有花语，它象征着光辉、信念和爱慕等，可以将它送给追求梦想的人。

花种类繁多，花语也各有不同，甚至不同颜色或不同数量的同一种花都有不同的含义，你在送花的时候可千万不能搞错哟！

2 自然界中为什么没有纯黑色的花?

红的、橙的、黄的、白的、粉的、紫的……花似乎把所有的颜色都用尽了。

等等,是不是没有纯黑色的花呀?是的!科学家们目前还没有在自然界里发现纯黑色的花。这是为什么呢?

科学家们猜测,一种可能是因为黑色会吸收太阳全部的光波,也就是会吸收最多的热量。植物们似乎也知道这一点,为了保护自己娇嫩的花瓣等不被阳光灼伤,自然就不会开黑色的花了。

另一种可能是黑色花难以被蜜蜂、蝴蝶等传播花粉的昆虫辨认,在自然选择过程中自然而然就被淘汰了。

也许有同学会提出异议:"黑玫瑰、黑牡丹不就是黑色的?"其实,我们现在看到的那些"黑色"的花是深紫黑色、紫黑偏蓝色之类的颜色,并不是纯黑色的。

3 为什么有些花喜欢向阳而生？

在大自然中，有些花就像是太阳忠实的追随者，总是面向太阳，热情绽放。那么，这些花为什么这么喜欢向阳而生呢？

拿最爱"追星"的向日葵来说，它向阳而生的秘密就在它体内。向日葵体内有一种奇妙的 **生长素**，这种生长素主要集中在植物生长旺盛的部位，促使植物长高长大。但它们有些"害怕"阳光，因此会从向日葵茎端向阳的一侧"躲"到背阳的一侧，悄悄聚集起来，这就会使背阳一侧长得更快，向阳一侧的生长也就会慢一些了。另外，向日葵茎端生长区的两侧还存在一种生长抑制物质的浓度的差异。这种物质叫作"**叶黄氧化素**"，它会抑制细胞伸长并且在向阳的一侧累积，这也使得向日葵向阳一侧生长得更慢了。这就是向日葵会"转头"的秘密了。

4 什么是元素?

花"是诸元素之女"。元素的意义有很多,这里我们谈一谈"**化学元素**"。在我们的生活中,元素组成了各种各样的事物。比如,我们喝的水是由氢元素和氧元素组成的,我们的骨头的主要成分碳酸钙是由碳、氧、钙三种元素组成的。

人们目前已知的元素有 110 多种。由同种元素组成的**纯净物**叫作"**单质**",比如由氧元素组成的氧气,由碳元素组成的金刚石、石墨等。由不同种元素组成的纯净物叫作"**化合物**",比如由氧元素和铁元素组成的氧化铁,由氧元素和碳元素组成的一氧化碳、二氧化碳等。

水由氢元素和氧元素组成

骨头的主要成分碳酸钙由碳、氧、钙三种元素组成

从古至今，人们为了寻求各种元素及其化合物间的内在联系和规律性，进行了不断的探索。1869 年，俄国化学家门捷列夫在前人研究的基础上，将当时已经发现的 63 种元素按照**相对原子质量**由小到大依次排列，并将化学性质相似的元素放在一起，编制出了第一张**元素周期表**。1905 年，瑞士化学家维尔纳制成了现代形式的元素周期表。随着化学科学的不断发展，元素周期表中为未知元素留下的空位先后被填满，周期表的形式也日趋完美，逐渐演变成我们现在常用的这种形式。

门捷列夫

原子序数 —— 1 H —— 元素符号（红色指放射性元素）

元素名称（注 * 的是人造元素）—— 氢

1.008 —— 相对原子质量（加括号的数据为该放射性元素半衰期最长同位素的质量数）

1 H 氢 1.008																	2 He 氦 4.003
3 Li 锂 6.941	4 Be 铍 9.012											5 B 硼 10.81	6 C 碳 12.01	7 N 氮 14.01	8 O 氧 16.00	9 F 氟 19.00	10 Ne 氖 20.18
11 Na 钠 22.99	12 Mg 镁 24.31											13 Al 铝 26.98	14 Si 硅 28.09	15 P 磷 30.97	16 S 硫 32.06	17 Cl 氯 35.45	18 Ar 氩 39.95
19 K 钾 39.10	20 Ca 钙 40.08	21 Sc 钪 44.96	22 Ti 钛 47.87	23 V 钒 50.94	24 Cr 铬 52.00	25 Mn 锰 54.94	26 Fe 铁 55.85	27 Co 钴 58.93	28 Ni 镍 58.69	29 Cu 铜 63.55	30 Zn 锌 65.38	31 Ga 镓 69.72	32 Ge 锗 72.63	33 As 砷 74.92	34 Se 硒 78.96	35 Br 溴 79.90	36 Kr 氪 83.80
37 Rb 铷 85.47	38 Sr 锶 87.62	39 Y 钇 88.91	40 Zr 锆 91.22	41 Nb 铌 92.91	42 Mo 钼 95.96	43 Tc 锝 [98]	44 Ru 钌 101.1	45 Rh 铑 102.9	46 Pd 钯 106.4	47 Ag 银 107.9	48 Cd 镉 112.4	49 In 铟 114.8	50 Sn 锡 118.7	51 Sb 锑 121.8	52 Te 碲 127.6	53 I 碘 126.9	54 Xe 氙 131.3
55 Cs 铯 132.9	56 Ba 钡 137.3	57~71 La~Lu 镧系	72 Hf 铪 178.5	73 Ta 钽 180.9	74 W 钨 183.8	75 Re 铼 186.2	76 Os 锇 190.2	77 Ir 铱 192.2	78 Pt 铂 195.1	79 Au 金 197.0	80 Hg 汞 200.6	81 Tl 铊 204.4	82 Pb 铅 207.2	83 Bi 铋 209.0	84 Po 钋 [209]	85 At 砹 [210]	86 Rn 氡 [222]
87 Fr 钫 [223]	88 Ra 镭 [226]	89~103 Ac~Lr 锕系	104 Rf 𬬻* [265]	105 Db 𬭊 * [268]	106 Sg 𬭳* [271]	107 Bh 𬭛* [270]	108 Hs 𬭶* [277]	109 Mt 鿏* [276]	110 Ds 𫟼* [281]	111 Rg 𬬭* [280]	112 Cn 鿔* [285]	113 Nh 鿭* [284]	114 Fl 𫓧* [289]	115 Mc 镆* [288]	116 Lv 𫟷* [293]	117 Ts 鿬* [294]	118 Og 鿫* [294]

57 La 镧 138.9	58 Ce 铈 140.1	59 Pr 镨 140.9	60 Nd 钕 144.2	61 Pm 钷* [145]	62 Sm 钐 150.4	63 Eu 铕 152.0	64 Gd 钆 157.3	65 Tb 铽 158.9	66 Dy 镝 162.5	67 Ho 钬 164.9	68 Er 铒 167.3	69 Tm 铥 168.9	70 Yb 镱 173.1	71 Lu 镥 175.0
89 Ac 锕 [227]	90 Th 钍 232.0	91 Pa 镤 231.0	92 U 铀 238.0	93 Np 镎 [237]	94 Pu 钚 [244]	95 Am 镅* [243]	96 Cm 锔* [247]	97 Bk 锫* [247]	98 Cf 锎* [251]	99 Es 锿* [252]	100 Fm 镄* [257]	101 Md 钔* [258]	102 No 锘* [259]	103 Lr 铹* [262]

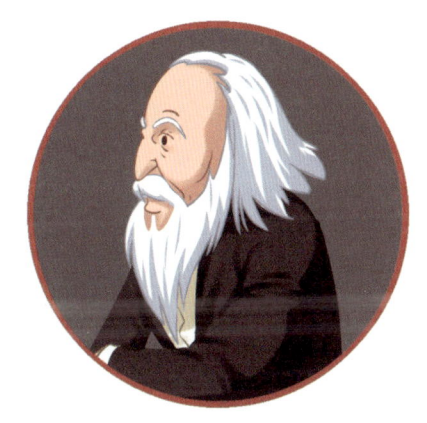

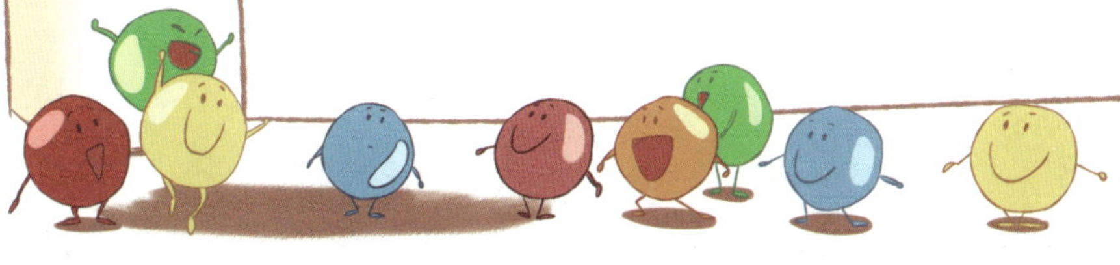

第二单元

5 七律·长征

跨学科方向 历史

"红军不怕远征难，万水千山只等闲。"长征，是中国革命史上不朽的丰碑，它历时之久、规模之大、行程之远、困难之巨、影响之广，在中外战争史上都十分罕见。今天的我们很难想象，当年的中国工农红军克服了多少艰难险阻，才创造了这一奇迹。下面，就让我们一起回顾那段艰苦岁月，感受一下英雄们的豪迈气概吧！

● 二万五千里长征

《七律·长征》这首诗创作于长征即将结束之时，那么中国工农红军是因为什么，才不得不开始长征的呢？这就要从当时国共两党的斗争说起了。

从1930年10月开始，国民党反动派对以中央革命根据地为重点的各

个革命根据地发动了多次大规模的军事"围剿"。毛泽东、朱德等领导的中国工农红军当然不会坐以待毙,他们经过几年艰苦曲折的游击战争,粉碎了国民党反动派的四次"围剿"。1933年秋季,国民党反动派调重兵对中央革命根据地发动了第五次"围剿"。经过一年的英勇奋战,红军的第五次反"围剿"失败了。1934年10月,中央红军被迫实行战略转移,开始长征。

红军长征只有一条路线吗?当然不是。当时,除了中央红军(也就是红一方面军)外,还有红二方面军、红四方面军和红二十五军等部队从各个革命根据地出发开始长征,他们都有自己的长征路线。我们常说的"二万五千里长征",就是以中央红军的行程路线长度为代表的。

在这二万五千里长征路上,中央红军共进行了380多次战役战斗,攻占了700多座县城,牺牲了营以上干部多达430人。其间,中央红军共经过11个省,翻越18座大山,跨过24条大河,走过荒草地,翻过雪山,留下了无数可歌可泣的英雄事迹。

6 狼牙山五壮士

跨学科方向 历史、军事

在持续了14年的抗日战争中,涌现了无数的英雄人物。狼牙山五壮士为掩护连队和群众转移,在狼牙山英勇就义。现在就让我们一起来了解一下与这段英雄事迹有关的知识吧!

狼牙山五勇士纪念塔

红玛瑙溶洞

❶ 红色狼牙山

五壮士就义的地方叫狼牙山。狼牙山位于河北省易县西南，属于**太行山脉**。狼牙山由**五陀三十六峰**组成。这里奇峰林立、峥嵘险峻，远远看去，就像狼长短不齐的牙齿一样，因此得名"狼牙山"。

狼牙山因五壮士的事迹而闻名遐迩，成了著名的爱国主义教育基地。当然，狼牙山本身也有许多优美的景点，首先要提的就是**棋盘陀**，它是狼牙山的主峰，也是五壮士就义的地方。之所以叫"棋盘陀"，是因为传说中孙膑与其师父鬼谷子常在这里下棋。

狼牙山整个山体由石灰岩构成，形成了许多的溶洞，目前发现的最大的一处便是**红玛瑙溶洞**。红玛瑙溶洞分五层，洞内有钟乳石、石笋、石柱、石幔等，光怪陆离。据传这里也是鬼谷子打坐参禅的地方。

鬼谷子

33

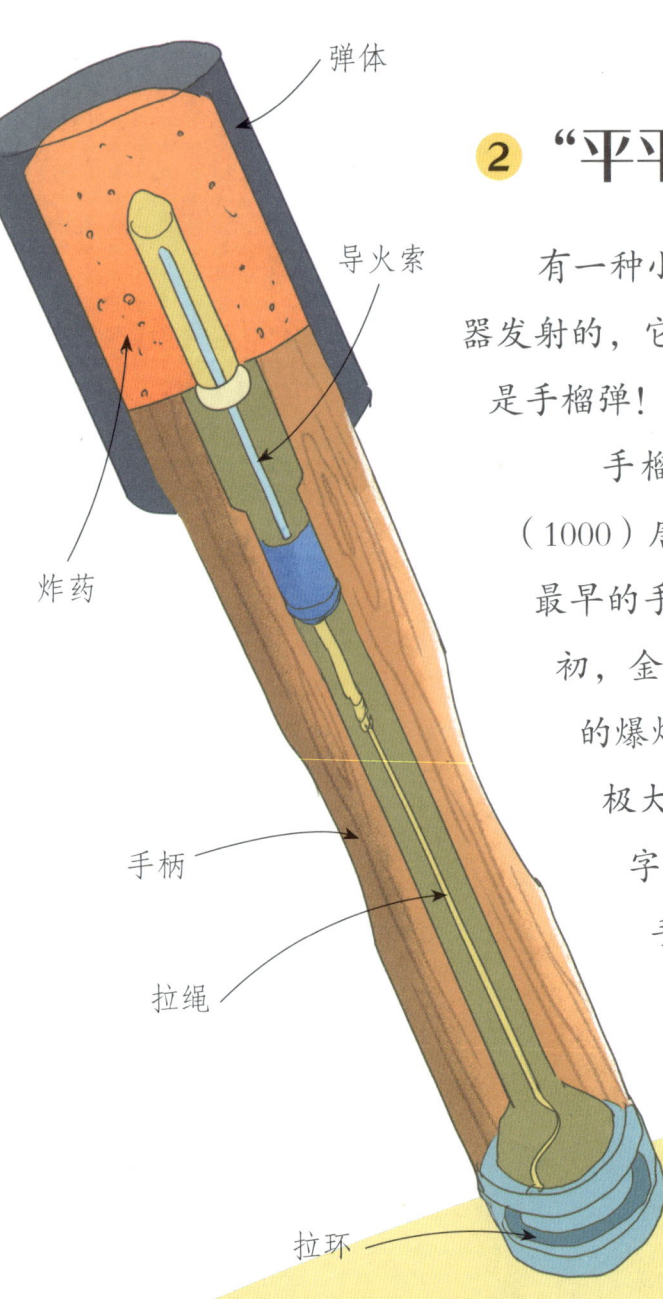

2 "平平无奇"的手榴弹

有一种小型弹药，它是用手投掷或用手持发射器发射的，它是什么呢？你一定猜到了，对，它就是手榴弹！

手榴弹历史很悠久。我国北宋咸平三年（1000）唐福向宋真宗进献的火毬(qiú)是史料记载中最早的手投弹药。大约在12世纪末到13世纪初，金人使用过一种抛掷发射的、金属外壳的爆炸性火器。据史料记载，这种火器威力极大，它在当时还有一个很有震慑力的名字——震天雷。震天雷算得上是古代的手榴弹了。

手榴弹结构简单，通常由弹体、炸药、辅助件等组成。那看似平平无奇的手榴弹为什么会成为现代战争中重要的武器呢？手榴弹按用途可分为主用手榴弹、特种手榴弹和辅助手榴弹。我们拿主用手榴弹中的防御型手榴弹来说，它的杀伤半径在5～15米，它爆炸时会产生巨大的冲击波，给杀伤半径内的人造成巨大创伤，甚至带来死亡。而且，现在的大多数防御型手榴弹内部都装置了大量的钢珠、刻槽钢丝等预制或半预制破片，爆炸时，这些破片如同飞溅的子弹雨一样，可以造成大范围杀伤。手榴弹造价低廉，使用方便，又有如此的杀伤力，自然会受到青睐了。

手榴弹是抗战时期中国军队使用最多的杀敌武器之一。整个抗战期间，中国军队一共使用了约3000万枚手榴弹，约40万日军士兵被手榴弹击毙（伤），占侵华日军伤亡人数的近三分之一。而中国军队主要使用的手榴弹，是**德国M24式手榴弹**的仿制品。M24式手榴弹有着长长的木柄、圆柱形的脑袋，个头比一个600毫升的饮料瓶要大得多。由于M24拥有长长的木柄，借助杠杆原理，士兵能将它投掷得又远又准，一些士兵甚至能将它扔到50米开外。M24也便于集束，士兵可以将多个手榴弹捆在一起，用来攻破碉堡等坚固的工事。

德国M24式手榴弹

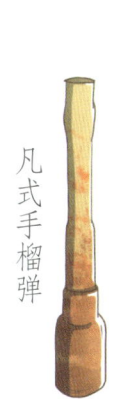

凡式手榴弹

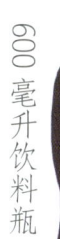

600毫升饮料瓶

在抗战期间，中国各地的军工企业在仿制M24式手榴弹的同时还对其进行了改良，其中产量最多的是巩县（今河南省巩义市）兵工厂制造的**巩式手榴弹**。与M24相比，这种手榴弹更短、更轻，更符合我们中国士兵的臂力和体力特点。

7 开国大典

跨学科方向 地理、历史、建筑

中华人民共和国的成立，开创了中国历史的新纪元。而在首都北京举行的开国大典，宣告了这一伟大时刻的到来。现在，就让我们走进底蕴深厚的北京城，登上历史悠久的天安门城楼，感受一下它们的魅力吧！

1 北京城的"糖葫芦"

北京建城 3000 多年，建都 800 多年，是一座蕴含着深厚历史文化的现代化大都市。这座城还有一个秘密，那就是城里藏着一根巨大的"糖葫芦"，你能找到它吗？

明、清北京城的总体平面格局是典型的 **封建都城** 形式，有外城、内城、皇城和宫城（即紫禁城），宫城是皇城的中心。明代初建的北京城平面本来接近方形，后来为了加强城防以及保护手工业区和商业区，又在城南加筑了外城，原来的城改称"内城"，北京城的总平面就成了"凸"字形。

北京城有一条贯通南北的 **中轴线**。这条中轴线是北京城规划与布局的核心，北京城的许多重要建筑或坐落在这条中轴线上，或对称分布于这条中轴线两侧。这下，你找到那根巨大的"糖葫芦"了吧？

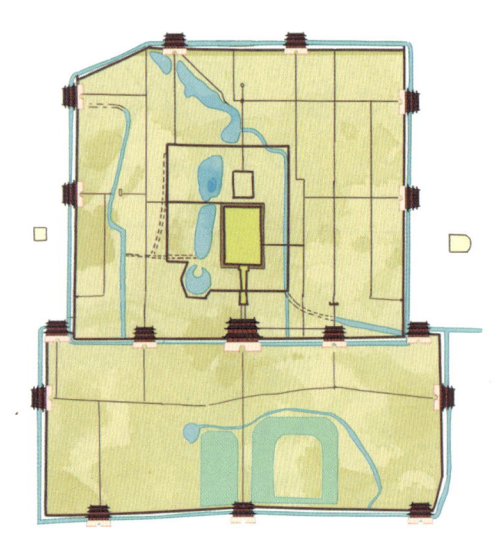

明、清北京城平面图

奥林匹克公园

钟楼

鼓楼

万宁桥

景山

故宫

社稷坛　太庙

天安门

人民英雄纪念碑

毛主席纪念堂

正阳门

先农坛　天坛

永定门

　　传统的北京中轴线南起永定门，北至钟鼓楼，全长7.8千米，是中国现存最长、保存最完好的传统都城中轴线。北京申奥成功后，中轴线还曾向北延长，成为奥林匹克公园的轴线，东边是国家体育场（"鸟巢"），西边是国家游泳中心（"水立方"）。2024年7月27日，"北京中轴线——中国理想都城秩序的杰作"被列入《世界遗产名录》。至此，中国世界遗产总数达到59项。

2 图解天安门城楼

开国大典的主席台是设在天安门城楼上的。下面，就让我们去仔细看一看天安门城楼吧！

远望天安门城楼，首先看到的就是它那在阳光下熠熠生辉的屋顶。天安门城楼的屋顶式样叫作"**重檐歇山顶**"，它是**歇山式屋顶**的一种。歇山式屋顶共有九条脊，分别是一条正脊、四条戗(qiāng)脊和四条垂脊，所以它也叫作"**九脊殿**"。正脊位于屋顶的最高处，垂脊垂直于正脊，戗脊是垂脊下方从博风板尾处开始至套兽间的脊。在中国封建社会，礼教治国，建筑和礼教等级有着千丝万缕的联系，屋顶也因而有了等级之分，其中，**重檐庑(wǔ)殿顶**的地位最高，重檐歇山顶次之。采用重檐歇山顶，充分说明了天安门作为明清两代北京皇城正门的重要地位。

我们凑近了看天安门城楼的屋顶，会发现几支特殊的队伍，那是一些琉璃兽饰，叫作"**脊兽**"。在每支队伍前面引领着这些小兽的是一位骑凤仙人，它后面跟着的9个小兽依次是龙、凤、狮子、天马、海马、狻(suān)猊(ní)、押鱼、獬(xiè)豸(zhì)和斗牛。这些庄严又有趣的小兽

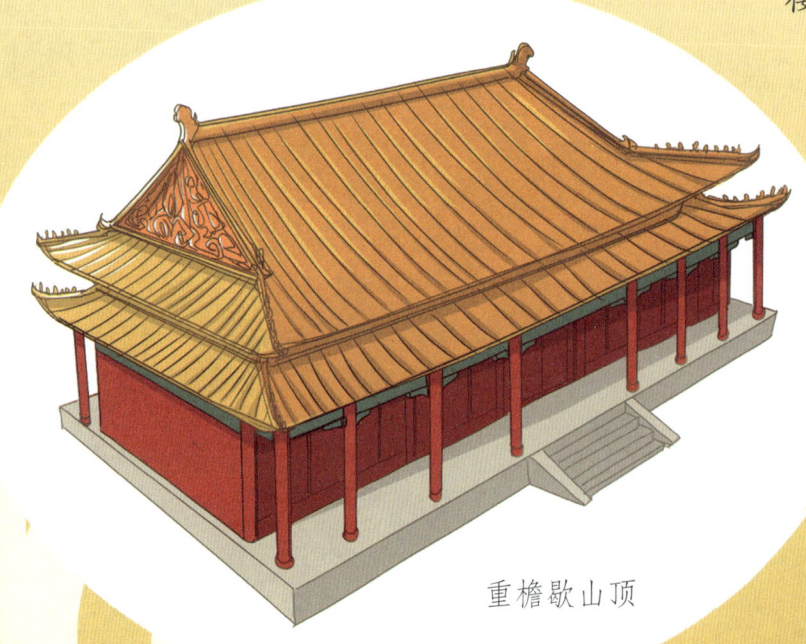

重檐歇山顶

骑凤仙人 龙 凤 狮子 天马 海马 狻猊 押鱼 獬豸 斗牛

装饰既突出了宫殿的威严，也寄托了祈雨防火、消灾灭祸等美好愿望。我们刚才讲了，古代的建筑是有等级之分的，不同等级的建筑上脊兽的数量也不一样。故宫中脊兽数量最多的建筑当然就是太和殿了，它一条屋脊上就有10个小兽装饰（第10个是行什），这是绝无仅有的一例。而天安门城楼一条屋脊上有9个脊兽，也说明它的地位相当高呢！

天安门城楼的大殿飞檐下有着令人眼花缭乱而又排列有序的斗拱。斗拱是中国传统木结构建筑所独有的，其中弓形的承重结构叫"拱"，拱与拱之间垫的方形木块叫"斗"，斗与拱合称"斗拱"。斗拱的结构巧妙复杂，是古人智慧的结晶。它们就像是建筑的关节，连接着屋顶与屋身立面，有着承重、装饰等作用。斗拱发展到后来，也成为建筑等级的标志。

斗拱

8 灯光

跨学科方向 物理、历史、生物

这个世界没有了电会怎样?

手机没电了

电脑关机了

交通停运了

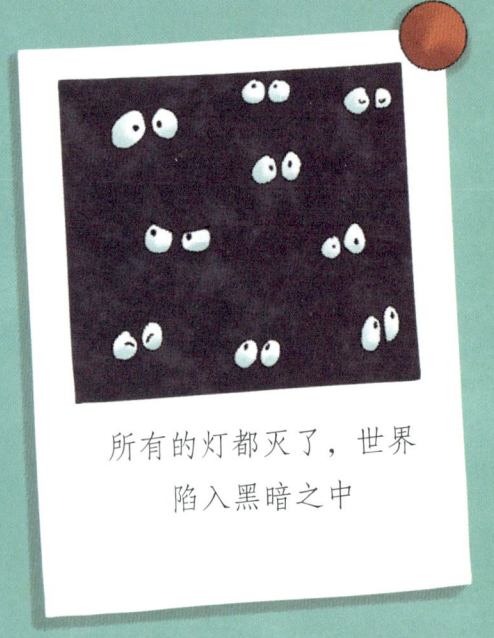

所有的灯都灭了,世界陷入黑暗之中

有了电,天安门广场上的千万盏灯才能亮起。那什么是电呢?只有我们人类有灯吗?现在就让我们一起来了解一下与电和灯有关的知识吧!

1 电和电流是怎么来的？

要想了解电是什么，那就要从分子和原子讲起。世界上常见的物质都是由分子和原子构成的，分子又是由原子构成的。在原子内部，带正电的质子和不带电的中子紧紧地"拥抱"在一起，组成了原子核。如果把原子核想象成一朵芳香的花朵，那么原子中带负电的电子就像来采蜜的蜜蜂，围绕着它"飞舞"。但是，就像蜜蜂会被其他花朵吸引去一样，当两个物体摩擦时，如果其中一个物体的原子核束缚电子的本领较弱，那么它的一些电子就会转移到另一个物体上。这两个物体因此都带了"电"，或者说带了电荷。

而要想让电灯亮起来，光有电可不行，还需要有电流持续流过灯泡。那电流又是怎么形成的呢？我们用的电线里面是一根根可以传导电荷，也就是可以导电的金属丝。金属导电靠的是可以脱离原子核的束缚而在金属内部自由移动的那部分电子，也就是自由电子。平时，这些自由电子相当调皮，运动的时候四处乱跑，但是接通电源（比如电池）之后，它们就受到了推动力，就会向一定的方向移动，就形成了电流。

电流

白炽灯

❷ 电灯的进化史

电灯发明至今，已经发展了好几代。

我们常见的电灯中，"爷爷辈"的是 <u>白炽灯</u>。电流本来在线路上畅通无阻，但流经白炽灯的灯丝时，却遭到了灯丝的阻挠。和电流"较劲"的过程中，灯丝发热，从而产生了光亮。白炽灯一般都有一个胖胖的身体，也就是灯泡。白炽灯的缺点也很明显——能耗高，发热量大，使用寿命也不长。现在，白炽灯正在慢慢退出我们的生活。

"爸爸辈"的是 <u>荧光灯</u>，也就是我们常说的日光灯。荧光灯工作时，先通过低气压汞蒸气放电，将部分电能转化为紫外线，这些紫外线辐射到灯管内壁上的荧光粉上，荧光粉再把它们转变为可见光。

"儿子辈"的叫作 <u>LED 灯</u>，LED 也就是发光二极管。LED 灯年纪最小，不过几十岁，但优点可不少。LED 作为全固态照明器件，具有体积小、寿命长、高效、节能、环保等诸多优点。自 2014 年诺贝尔物理学奖得主发明蓝光 LED 以来，人类进入了照明新时代。

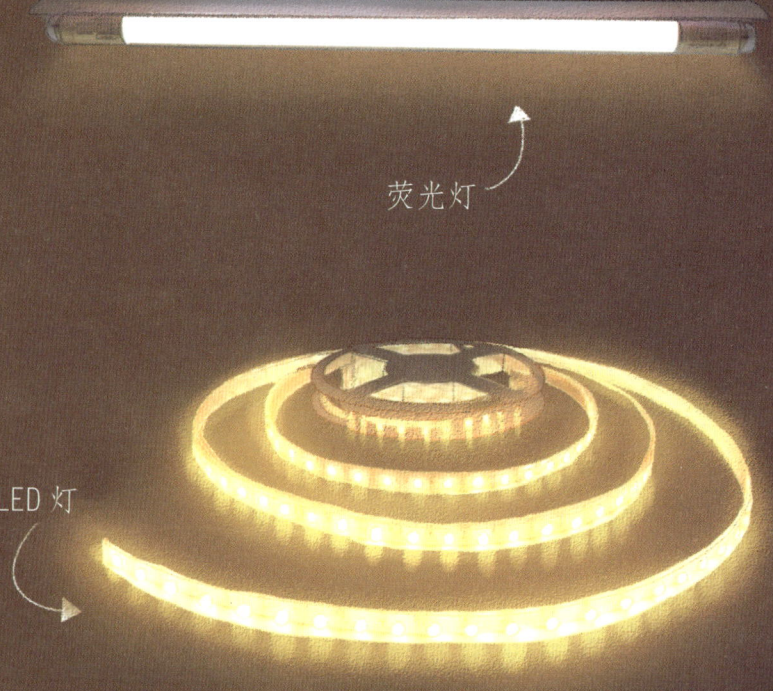

荧光灯

LED 灯

3 电灯是爱迪生发明的吗?

很多人都把爱迪生看作是电灯的发明者,但其实,电灯真正的发明者另有其人哟!

1809年,英国化学家戴维用2000节电池和两根碳棒制成了世界上第一盏碳极弧光灯。但由于缺少合适的电源,弧光灯一开始只存在于实验室中。1854年,美国德裔发明家亨利·戈贝尔将一根炭化的竹丝放在真空玻璃瓶下通电发光。后来,他还用这种真空下用碳丝通电的灯泡建立了公司,为各家各户安装电灯呢!

那爱迪生做了什么呢?他在前人的基础上改进了电灯,使得电灯被广泛应用。为了找到合适的灯丝延长电灯的寿命,爱迪生试验了6000多种材料。直到1879年10月21日,他用一根炭化了的棉线做灯丝,使电灯稳定地亮了45个小时。这是人类历史上第一盏具有实用价值的电灯,人们还把这一天确定为白炽灯的发明日。

1809年,戴维发明碳极弧光灯

1854年,亨利·戈贝尔发明真空下用碳丝通电的灯泡

爱迪生改进了电灯

4 大自然中的"灯"

大自然中无奇不有,有些生物有自己的"灯"呢!

夏夜,萤火虫亮起它们小小的"灯",如星光点点。在萤火虫腹部末端的表皮下面有一些能发光的细胞,它们含有 荧光素 和 荧光素酶。在一定条件下,由荧光素酶催化,激活的荧光素与氧气发生化学反应,生成氧化荧光素,萤火虫就这样点亮了它的"灯"了。

哎呀,差点儿忘了大名鼎鼎的提"灯"动物——鮟鱇(ān kāng)鱼!鮟鱇鱼头顶伸着一根吻触手,就像提着一盏小灯笼。吻触手顶端有一个囊状皮瓣,里面有无数的 发光细菌,它们让鮟鱇鱼的"小灯笼"亮了起来。其实,鮟鱇鱼提"灯"是为了捕食深海中趋光的生物哟!

海洋中还有许多能发光的水母,它们看上去就像一把把发着荧光的伞,在幽暗的海洋里漂荡。它们发光靠的是体内的蛋白质。这些水母体内的 水母发光蛋白(也叫"水母素")在 钙离子 的作用下,会发出幽幽的蓝光。但为什么我们看到的发光水母大多都发出绿光呢?其实,水母体内还有另外一种蛋白质——绿色荧光蛋白，它会将蓝光转化为绿光！

一些蘑菇也会在暗处或夜晚发光，它们被叫作"发光蘑菇"。目前人类有记录的发光蘑菇中最广为人知的是荧光小菇，它也有"荧光蕈""夜光茸"等别名。荧光小菇和萤火虫一样依靠荧光素和荧光素酶发光，它在黑夜中会发出淡淡的绿光。

有什么植物像这些动物和真菌类物种一样会发光吗？

人们发现过一些会发光的树，这些树的身体里含有磷质，能释放出少量的磷化氢气体。而磷化氢燃点很低，在空气中可以自燃，这些植物因此就会发出淡蓝色的光了。

我们人类还培育出了会发光的植物呢！一种俗称"夜皇后"的黑郁金香是由新加坡理工学院的学生利用纯营养液培育出的。它的花蕊中有丰富的磷元素，与空气接触后会发生化学反应，我们在夜晚或黑暗的地方也就能看到它闪闪发光了！

9 我的战友邱少云

跨学科方向 历史、军事、生物

摧毁了敌人的工事、保证了伪装的战士安全的火炮到底有多大威力？大自然里有哪些伪装高手？我们一起来看一下吧。

❶ 威力巨大的火炮

火炮最早是由我们中国人发明的。不晚于元代，中国人已经使用青铜制造火炮了。中国国家博物馆就展出有元至顺三年（1332）铸造的铜火铳（火铳就是近现代火炮的前身）。13世纪，中国的火药和火器技术传到欧洲，火炮等火器逐渐在欧洲发展起来。现在，火炮已经发展成一个兴旺的大家族。按用途，火炮可分为压制火炮、反坦克火炮、高射炮等。在现代常规战争中，火炮仍然是主要的火器。

红夷型火炮

加农炮

压制火炮顾名思义是用来压制和破坏地面目标的,包括加农炮、榴弹炮、迫击炮等。

坦克有着刀枪不入的"皮肤",但有专门对付它的火炮——**反坦克火炮**。反坦克火炮的厉害之处在于它能发射高速穿甲弹、高爆榴弹等,击穿装甲和摧毁坚固的工事。

高射炮是从地面射击空中目标的火炮。高射炮发射速度快,射击精准度高。但随着更厉害的防空导弹的出现,大、中口径的高射炮已经逐步退休啦。而小口径的高射炮因为在打击低空飞行目标上的优势而得到了重视和发展。

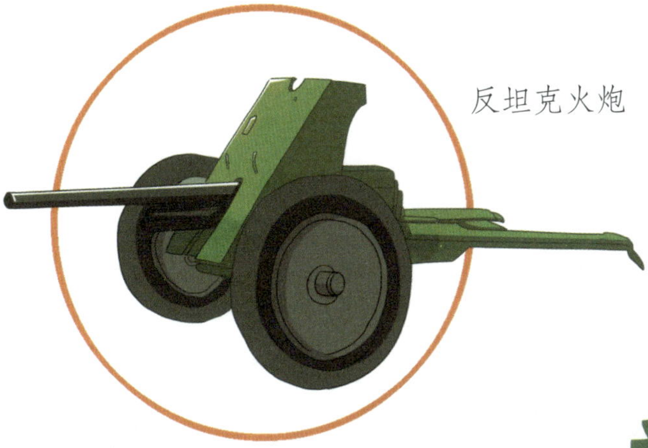

反坦克火炮

高射炮

2 大自然中的伪装高手

伪装,是一门学问。大自然中有许多为了躲避危险或是捕食而"乔装打扮"的伪装高手,你发现过它们吗?

要说谁最会伪装,也许要算**变色龙**了。变色龙的绝活之一就是随着环境变换身体的颜色。2015年发表的一项研究成果指出,变色龙的皮肤中有两层厚厚的**虹色细胞**,这些虹色细胞中含有许多**纳米晶体**,变色龙放松或紧绷皮肤,会改变表层细胞中纳米晶体的排列,进而导致皮肤色彩的改变。

竹节虫目的昆虫以拟态著称。竹节虫家族有两个分支。一个分支叫"叶䗛(xiū)",也叫"叶子虫"。叶䗛身体扁宽,像新鲜的树叶,而有些厉害的叶䗛甚至能伪装出树叶上坏死的病斑,以及那些酷似被毛毛虫咬过的点点印记,简直太神奇了。另一个分支叫"竹节虫",也叫"䗛"。竹节虫有纤细的身体和腿,像竹节或树枝,它们停在枝条上,看上去就像是分出来的小枝条。

自然界中还有一种喜欢伪装成花的昆虫，那就是<u>兰花螳螂</u>。兰花螳螂的步肢演化出类似兰花花瓣的构造和颜色，它还能随着花色的深浅调整身体的颜色。要是有粗心大意的昆虫落在这"花"上，可就成为它们的盘中餐了。

海洋中的<u>拟态章鱼</u>，也是自然界中的顶级伪装高手。拟态章鱼的身体非常柔软，它还可以任意改变颜色和形状。拟态章鱼之所以能够变色，是由于它的身体里有数万个含有色素的<u>色袋</u>。通过用肌肉网络控制色袋，拟态章鱼就能快速改变颜色了。所以无论是对其他鱼类，还是对珊瑚、岩石、沙地等不同的环境，拟态章鱼都能模仿得惟妙惟肖。

第三单元

10 竹节人

> 跨学科方向　人文

"把毛笔杆锯成寸把长的一截","在上面钻一对小眼","再锯八截短的","用一根纳鞋底的线把它们穿在一起",竹节人就做成了。竹节人是不是很有趣?下面,就让我们一起来了解一下像竹节人一样给人们带来乐趣的中国传统玩具和它们的玩法,以及其他文艺作品中的中国古代兵器吧。

❶ 有趣又益智的传统玩具

在没有手机和平板电脑的年代,小朋友的童年生活也并不枯燥。像竹节人这样的传统玩具,常常让那时的小朋友玩得忘记了时间。

叮叮当当……瞧!街道上有几个孩子,他们每人都拿着一根铁杆子,推着一个铁环向前跑着。他们在干什么呢?原来他们在滚铁环。他们手里的铁杆子前端窝了一个钩子,

滚铁环

摔元宝

将钩子搭在铁环上,向前推动铁环,铁环就能快速地滚动起来。滚铁环看似简单,但如果无法掌握好平衡和方向,铁环就会哐啷一声倒在地上,"罢工"了。

看,远处还聚集着几个孩子,他们有的蹲着,有的站着,围成了一个圈,还有的时不时地做出甩手的动作。他们这是在干什么呢?原来他们在玩"摔元宝"。"元宝"是用纸叠成的,呈方形。"摔元宝"的玩法很简单:一方把"元宝"放在地上,另一方用自己的"元宝"去砸地上的"元宝",如果能将地上的"元宝"砸得翻过来,就能赢走它。

除了前面说的铁环和"元宝",弹珠也是备受孩子们喜爱的传统玩具。弹珠是一种玻璃珠,各种颜色的都有。"打弹珠"是一项非常"接地气"的游戏。你瞧,那里有个孩子蹲在地上,正在瞄准呢!"打弹珠"有不少玩法,比如大家可以在地上画个圈,想办法用自己的弹珠把别人的弹珠撞出圈;也可以在地上挖几个洞,把自己的弹珠依次弹进洞里。

打弹珠

51

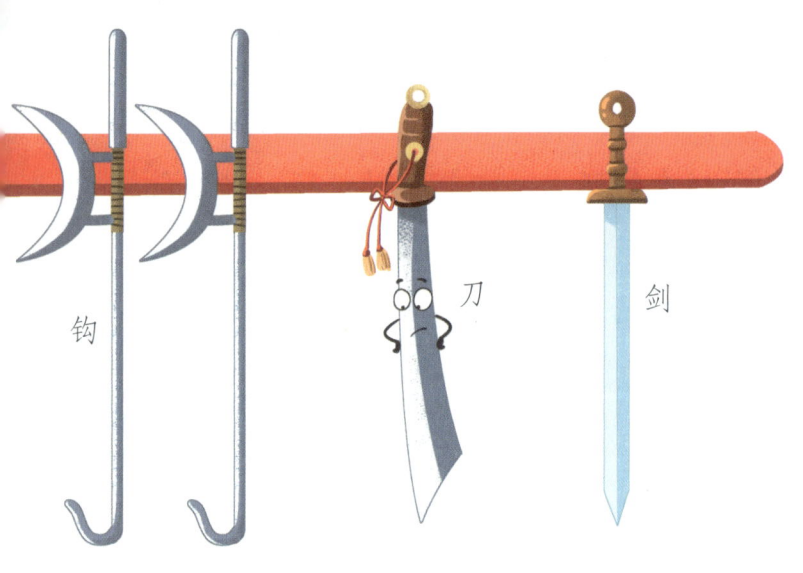

2 文艺作品中的中国古代兵器

同学们的竹节人在"搏斗"时,有用"金箍棒"的,有用"虎头双钩"的,有用"偃月刀"的,还有用"蛇矛"的……它们使用的可都是中国古代著名的兵器呀!下面,我们就来简单说说文艺作品中的刀、剑、枪、戟、斧、钩、叉等中国古代兵器吧!

刀是一种单面侧刃的短兵器,主要用于劈砍。刀由刀身和刀柄构成,刀身较长,刀柄则有长、短之分。刀的种类很多,如横刀、陌刀、手刀、腰刀等。提到刀,你一定能联想到《三国演义》中关羽手持青龙偃月刀的形象,那是多么威武!

剑是一种具有锋刃的尖长兵器,剑身修长,两侧出刃,后安短柄,用于劈刺。《三国演义》中刘备使用的是双股剑。

枪是一种在长杆上装有尖头的兵器,用法有扎、刺、点、拨等。在文艺作品中,枪也很常见,如《西游记》中红孩儿使用的火尖枪。

戟是矛和戈的结合体,既可直刺,也可横击,具有双重功能。《三国演义》中吕布使用的方天画戟非常有名。

斧的起源非常早,原始人类就曾制作过石斧。斧起初是一种生产工具,后来演变成了兵器。《水浒传》中"黑旋风"李逵的兵器是两把板斧,耍起来虎虎生风。这"板斧"就是一种大斧子。

钩是一种短柄格斗兵器,刃部弯曲,可以钩杀敌人。你看,有个竹节人就使用了窦尔敦的"虎头双钩"。

叉的头部有三锋，中锋稍长，攻击方式有刺、挑等。《水浒传》中阮氏三兄弟使用的兵器就有叉。

中国古代兵器不胜枚举，还有很多使用这些兵器的厉害武艺呢！我们常说的"十八般武艺"，指的是使用刀、枪、剑、戟等十八种古代兵器的武艺，一般泛指使用各种武术器械的功夫和技能。竹节人使用的"黑虎掏心""泰山压顶""双龙抢珠"等，都是中华传统武术中的招式。如果你感兴趣，也可以学个几招，不仅能了解我国的传统文化，还可以强身健体呢！

❓ 智慧大作战：

　　文中介绍了关羽和刘备的兵器，你知道张飞的兵器是什么吗？请你给同学们介绍一下吧！

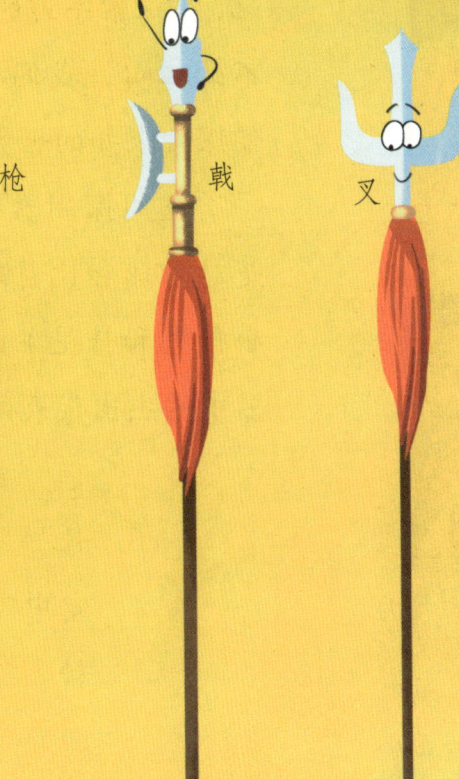

11 宇宙生命之谜

跨学科方向 航天、文艺

自古以来，我们都对"天上的世界"充满了好奇。地球之外的太空中是否有生命存在呢？为了解决这个疑惑，人类一直在科技上不断创新。对外星人，人类也有各种各样的想象呢，快来看一看吧！

① 人类的"使者"

太空环境恶劣，还有可怕的流星体和致命的辐射等。因此，在探索宇宙的过程中，人类往往没有办法亲自上阵。不过，不必担心，我们派出的"使者"——空间探测器可以帮助我们探索未知的世界。

空间探测器也叫作"深空探测器"，简称"探测器"，是对月球和比月球离地球更远的天体（包括行星及其卫星、小行星和彗星）以及空间进行探测的航天器。下面有请探测器中的杰出代表闪亮登场吧。

首先是目前飞得最远的探测器——"旅行者1号"。从1977年发射至今，这个探测器已经在太空中飞行了40多年，为我们传回了无数宝贵的资料。"旅行者1号"曾经飞掠过木星和土星，发回的照片让我们近距离看到了这两颗行星及其各自的卫星。它甚至还拍摄过太阳系的"全家福"。现在，"旅行者1号"已经飞出了太阳系，进入了星际空间。

月球上本没有玉兔，但中国的探测器来了，便有了"玉兔"。2013年12月，"嫦娥三号"探测器在月球表面成功着陆。"玉兔号"则是中国首辆月球车，它和着陆器共同组成了"嫦娥三号"探测器，首次实现了月面巡视勘察和月球软着陆，开展了月表形貌与地质构造调查等科学探测，帮助我国取得了众多研究成果。2018年12月发射的"嫦娥四号"探测器就更加了不起啦，它是人类第一个在月球背面实现软着陆的探测器。"嫦娥四号"探测器搭载的是"玉兔二号"月球车。相比"玉兔号"，"玉兔二号"更健壮，也更能"走"，应对困难的能力更强，也是目前为止月面工作时间最长的月球车。

美国的"帕克"太阳探测器是人类迄今为止飞得离太阳最近的探测器。它于2018年发射升空，并于2021年第一次进入了太阳大气层的最外层——日冕层。为了保障探测器的安全以及满足数据传输的需求，它围绕太阳运行并根据情况采取了复杂的轨道调整和加速措施。我们期待"帕克"今后能揭开更多太阳的秘密。

2 火星上的"中国印迹"

作为"太阳系中唯一还可能存在生命的行星",火星一直备受人类的青睐。除了"水手9号"和"海盗号",美国还发射过"火星探路者号""凤凰号"等火星探测器,它们和苏联发射的"火星号"系列等都是响当当的"火星探索者"。那么,中国有什么火星计划,又采取了什么行动呢?

中国曾与俄罗斯合作研制火星探测器"火卫一-土壤号",其中俄方负责主探测器的研制,中方则负责"萤火一号"探测器的研制。遗憾的是,2011年,搭载有"萤火一号"的"土卫一-土壤号"探测器发射后变轨失败,"萤火一号"未能完成探测火星的任务。

尽管"萤火一号"出师未捷,但中国航天人从未放弃,并且开始了自主探

测火星的征程。2020年,"长征五号"遥四运载火箭搭载着"天问一号"火星探测器发射升空。经过6个多月的征途,"天问一号"成功进入环

绕火星轨道,成为中国第一颗人造火星卫星。但光远看火星可不行,还得凑近了看,"天问一号"下一个任务就是着陆火星表面。2021年5月,"天问一号"的着陆巡视组合体与环绕器分离,后于火星表面成功着陆。下面就该"巡视"了,这个任务得靠着陆巡视组合体中的"祝融号"火星车来完成。"祝融号"热爱摄影,它拍摄了着陆点的全景、火星地形地貌、"中国印迹"等影像图。

"天问一号"任务迄今已实现了中国航天发展史上的多个"首次"。"天问一号"的科学目标是对火星形貌与地质构造特征、火星表面土壤特征与水冰分布、火星表面物质组成、火星大气电离层及表面气候与环境特征、火星物理场与内部结构等进行科学探测,任务很繁重呢!

? **智慧大作战:**

同学,你知道"天问一号"任务实现了中国航天发展史上的哪些"首次"吗?

❸ 你好,外星人

无论是为了寻找另一个宜居星球,还是单纯出于好奇,地球之外的太空中是否有生命存在,都是人类一直在探索的宇宙之谜。人们对**外星生命**的想象,体现在了许多影视与文学作品中。

电影《E.T. 外星人》首映于1982年,它讲述了十岁的男孩艾里奥特与迷失的外星造访者 E.T. 建立起纯真友谊,并帮助 E.T. 找到回家方法的温馨故事。《E.T. 外星人》从孩子的角度讲述外星人的故事,它所塑造的外星人不同于以往凶残暴虐的形象:尽管有着与人类截然不同的外表,但 E.T. 骨子里就是一个纯真、可爱、善良的小孩。

在中国科幻作家刘慈欣的《三体》中，人类与外星文明的接触并非一场和平的会晤，而是引来了灾祸。这是一个史诗般宏大的故事，三体人入侵地球的过程中，人类证实了宇宙文明间的黑暗森林法则，并借助这一发现威胁三体人，暂时制止了他们对太阳系的入侵……《三体》中展现了深不可测的人性、各式各样的宇宙文明和恢宏场景，也展现了对地球文明的深入思考。

正如一千个读者心中有一千个哈姆雷特，一千个人心中也有一千个外星人、一千个与外星人有关的故事。那么，在你的心目中，外星人是什么样的呢？

智慧大作战：

同学，如果有一天你遇到了外星人，你会从哪些方面向它们介绍我们美丽的地球呢？你可以从下面几个选项中选择一个来想一想。

A. 类型多样的地貌
B. 广阔无边的海洋
C. 形形色色的生物
D. 辉煌灿烂的文明

12 故宫博物院

> 跨学科方向 历史

故宫历经明清两代王朝，"是我国现存的最大最完整的古代宫殿建筑群"。现在，就让我们对故宫进行深入的了解吧！

① 故宫的历史

明朝最初的都城是应天府，也就是现在的南京。由于种种原因，朱棣即位后，决定迁都北京，并于永乐四年（1406）开始大规模营建北京城，其中就包括故宫（旧称"紫禁城"）。花费了数不清的材料，投入了大批的能工巧匠，到永乐十八年（1420），故宫才建成。第二年，朱棣正式搬进了豪华的"新家"，故宫也自此成为明清两代的皇宫。

现在我们看到的故宫是否就是朱棣所建故宫当年的样子呢？其实并不是。故宫一直保持着原有的规模，但自建成后，它经历过多次重修与改建。比如保和殿曾在明嘉靖时遭遇火灾，进行了重修；而著名的九龙壁、紫禁城中最大的一座戏楼——畅音阁、专门收藏《四库全书》的藏书楼——文渊阁等则都是清代增建的。

1911年,辛亥革命推翻了清王朝的统治,宣告了中国两千多年君主专制制度的终结。那作为明清两代皇宫的故宫会有什么样的命运呢？1914年,故宫的前部设立了古物陈列所。1925年,故宫的后部设立了故宫博物院。1947年,古物陈列所和故宫博物院合并,统称"故宫博物院"。故宫博物院现有藏品总量已达180余万件（套）,以明清宫廷文物类藏品、古建类藏品、图书类藏品为主。藏品总分25种大类别,其中一级藏品8000余件（套）,堪称艺术的宝库。

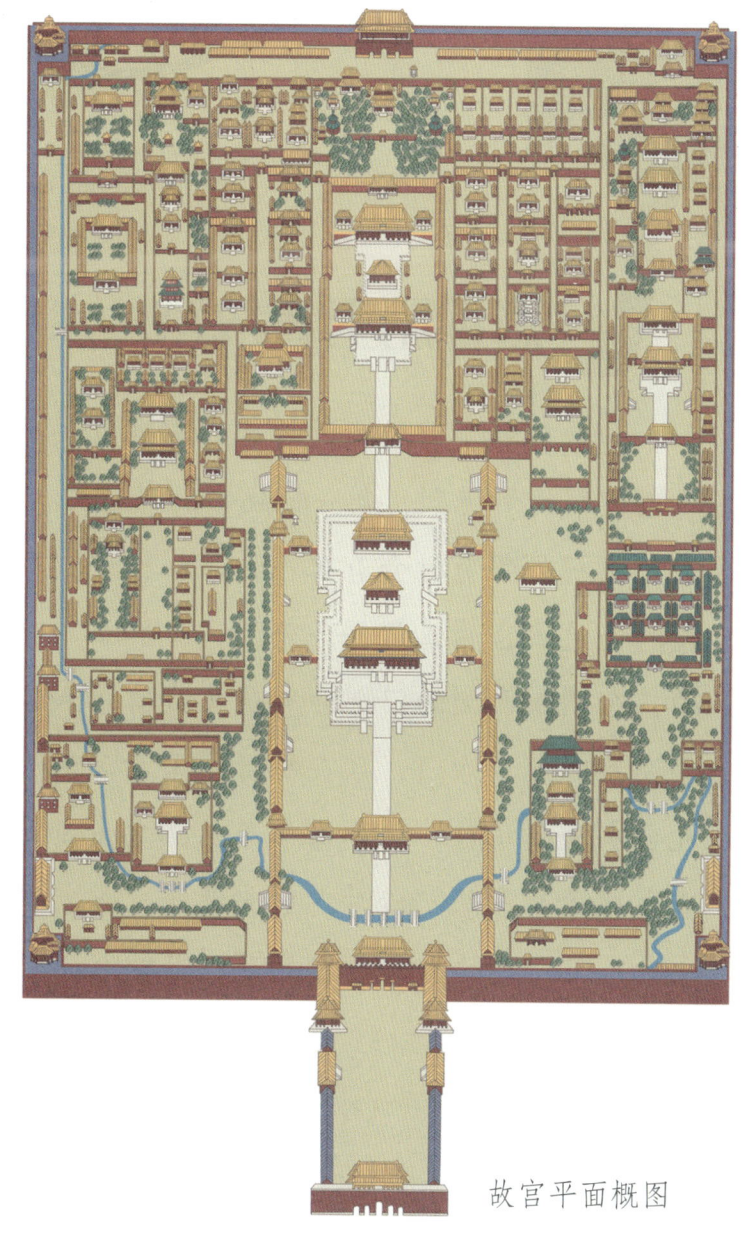

故宫平面概图

九龙壁

畅音阁

文渊阁

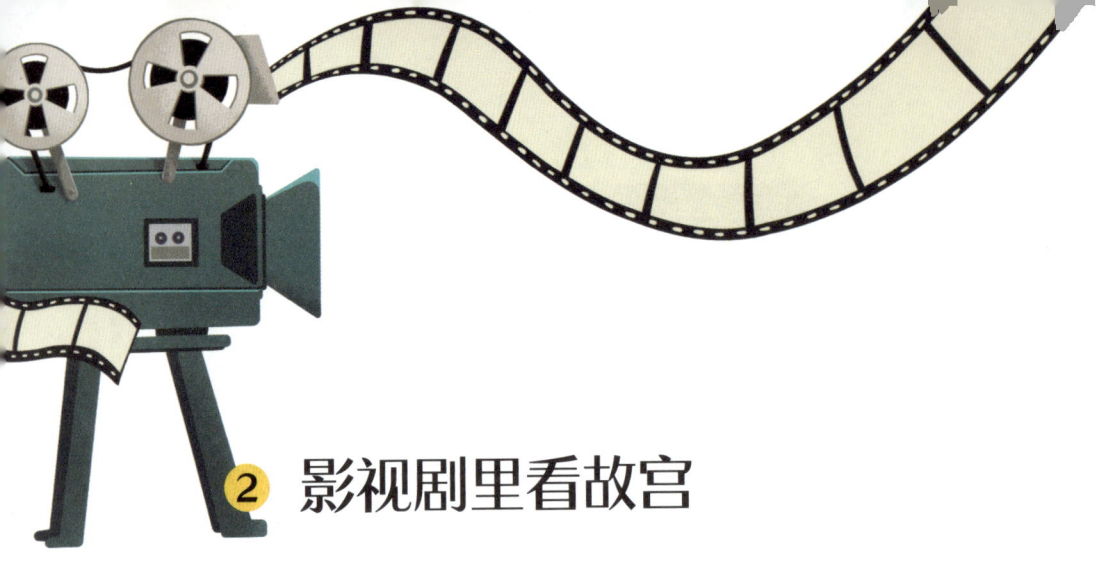

❷ 影视剧里看故宫

如果你还不曾游览过故宫，那也没关系，让我们跟随一些讲述明朝或清朝故事的影视剧，来一睹故宫的风采吧。

影视剧里有时会有犯人被"推出午门斩首"的情节，这里的"午门"指的就是故宫的正门——午门。午门正中开三门，最中间的门是皇帝专用的，东侧和西侧的门则分别是文武官员和宗室王公出入用的。这三道门两侧还各有一座掖门，只在举行大型活动时开启。明清两代有很多重大的典礼会在午门举行，比如每年冬至，皇帝都要在午门颁发次年的历书。当有重大战争，军队凯旋时，也要在午门举行向皇帝敬献战俘的"献俘礼"。由此可见午门的重要，它是不可能成为"刑场"的！

我们有时也会在影视剧中看到皇帝上朝的情景：清晨，皇帝端坐在金銮殿里，接受文武百官朝拜，处理政务。在明清两代的政治生活中，**朝会**是一项重要内容，但也并非影视剧中演的那样。明代朝会分为大朝、朔望朝和常朝。常朝是处理政事的，又分早朝和晚朝。发展到后来，常朝一般也就指早朝了。明代早朝的地点也并非固定的，朱棣就在太和门（当时称"奉天门"）听政，这叫作"**御门听政**"。再看清朝。按照主要内容和性质，清朝的朝会可分为两类。一类是突出礼仪的朝会，有大朝、常朝，这两种朝会才是在金銮殿（太和殿）举行的。第二类朝会的主要任务与影视剧中的早朝类似，是商讨国家的日常政务并处理重要文书的。这类朝会也可分为两种：一种是"御门听政"，不定期举行，地点就在乾清门；另一种则是皇帝接见军机大臣、各衙门堂官轮值奏事，几乎每天进行。

如意云纹

十二章纹

龙纹

3 故宫的珍宝

故宫博物院里不仅林立着各种富丽堂皇的建筑，还珍藏着许多珍宝。

你瞧，这件衣服是康熙皇帝的<u>朝袍</u>。所谓朝袍，就是皇帝的礼服。这件朝袍以深蓝色四合如意云纹实地纱为底，上面绣有柿蒂形云龙纹及海水江崖等纹样，以及象征帝王身份的龙纹。清朝皇帝的服饰上也装饰有十二章纹，最早见于乾隆时期的记载。

太和殿上的这个宝座叫作"<u>髹金漆云龙纹宝座</u>"，由楠木制成，它可是皇帝独享的。宝座的椅圈上雕刻着13条栩栩如生的金龙，椅背上也雕刻着龙，看上去尊贵无比。随着清朝的灭亡，这把宝座也不复当年的风光。1959年，它在故宫的库房中被发现，后来由十几位专家在1964年修复完成。

故宫里还有不少西洋古董呢。你看这座 铜镀金写字人钟，它是由英国伦敦的威廉森专门为清宫制作的。这座钟呈一座四层阁楼的样子，有两米多高。顶层是个小亭子，里面有两个手举圆筒在跳舞的人，启动后，两个人拉开距离，圆筒就展开成写着"万寿无疆"四个字的横幅。第三层住着一位敲钟人，他会在报完3、6、9、12时后奏响音乐。第二层是钟的表盘，可以显示时间。底层是这座钟最精彩、新异，结构最繁复的部分。这里有一个拿着毛笔的机械人。将毛笔蘸好墨汁后，上弦启动，这个机械人就会摇头晃脑地写下"八方向化，九土来王"八个汉字。

故宫博物院里的珍宝多得数也数不清，要想了解更多珍宝，你有机会一定要去故宫博物院看一看！

智慧大作战：

同学，你能说说十二章纹都是哪十二种花纹吗？这十二种花纹分别有什么寓意呢？

第四单元

13 桥

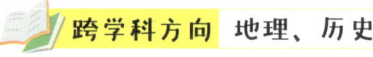
跨学科方向 地理、历史

水是生命的源泉,但也可能带来巨大的灾难,比如《桥》中,伴随着"突然大了"的雨,山洪无情地摧毁了人们的家园,夺走了人们的生命。在生活中,我们该如何判断雨的大小呢?我们采取了什么方式征服江河湖海呢?水是如何发挥它的威力塑造地貌的呢?一起来看看吧。

① 雨量是怎么测定的?

暴风骤雨、倾盆大雨、斜风细雨……和雨有关的成语真是太多了!天气预报里也经常会说"小雨""中雨""大雨""暴雨"等,这些雨究竟有多大?怎么来衡量呢?这就不得不提到一个词——降水量了。

降水量是指某一时段内，从天空降落到地面上的降水（如雨，或融化后的雪、冰雹等）未经蒸发、渗透、流失而在水平面上积聚的深度。测量降水量有一个非常重要的工具——雨量器。雨量器的外壳是一个金属圆筒，筒口直径为 20 厘米。圆筒分上下两节：上节用来承接雨水，它底部是一

 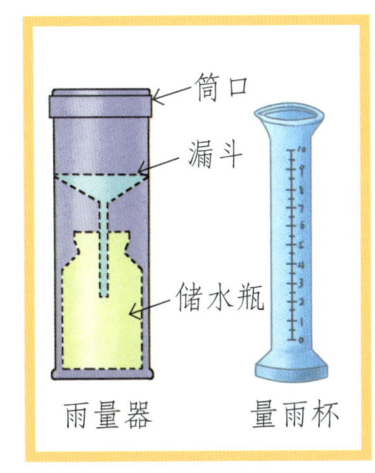 

个漏斗；下节内放着用来收集雨水的储水瓶。圆筒上节的漏斗伸入储水瓶中，收集到的雨水会通过漏斗流入储水瓶。降雨后，将储水瓶中的雨水倒入量雨杯中，就可以读出雨量的毫米数了。没错，降水量就是以毫米为单位表示的。除了雨量器，测定降水量的仪器还有虹吸式雨量计和翻斗式雨量计等。

知道了降水量，我们就可以判断雨的大小了。按照 24 小时内降水量的大小，雨可分为微量降雨（小于 0.1 毫米）、小雨（0.1 到 9.9 毫米）、中雨（10.0 到 24.9 毫米）、大雨（25.0 到 49.9 毫米）、暴雨（50.0 到 99.9 毫米）、大暴雨（100.0 到 249.9 毫米）和特大暴雨（250.0 毫米及以上）。

2 人类征服江河湖海的方式

人类是生活在陆地上的动物,或宽阔无比、或深不可测的江河湖泊和海洋往往会阻碍人类的活动。但这难不倒聪明的人类,八仙过海,各显神通,人类也采取了很多种方式征服江河湖海。

人总是富有挑战精神的,很多人会想要靠自己征服江河湖海。比如1988年,北京体育大学的张健老师就成功横渡了近30千米的琼州海峡。

但是能横渡江河湖海的人凤毛麟角,而且这样做太危险了。

于是人们发明了各种各样的船，如竹筏、桨船、帆船、快艇、邮轮等。不过，船行驶需要动力，否则它就会像飘落在水面的叶子一样随波逐流。有的船依靠人力，如通过撑船、划桨来前进；有的船依靠自然的力量，比如利用风吹动船帆的力量前进；还有的船的动力来自一些船舶动力装置，如蒸汽机、内燃机等，甚至是核动力装置。

通过桥来到达江河湖海的对岸，是较为稳固的方式。和船一样，桥也有"简陋"与"豪华"之分。小溪小河之上，可能用一块木板、一截树干就可以搭一座桥。而要在大河大江，甚至是大海上筑桥，就需要人力、物力和各种科学技术的保障了。从古至今，人们发明了多种类型的桥梁，如拱桥、桁(héng)架桥、悬索桥、斜拉桥等，让一个个天堑变成了通途。

3 水与地貌

同学,你领略过河谷的壮观吗?你欣赏过溶洞的瑰丽吗?在我们美丽的地球上,存在着类型多样、千姿百态的地貌。这些地貌有些是由水塑造的。现在让我们来看看水是如何塑造地貌的吧!

当水汇聚成河流,也凝聚了力量。河水从不甘心在河道里规规矩矩地前行,受离心力与惯性力的作用,它总是不断地侵蚀河岸,形成了迂回曲折的河床或河道。河流还会挟带泥沙,这些泥沙在流速降低后慢慢地堆积起来,就形成了冲积平原、三角洲等地貌。

我们常说"桂林山水甲天下",这一奇景也是由水打造的。可溶性岩石溶于水后被带走或重新沉淀,就形成了这种地上孤峰林立、地下溶洞广布的喀斯特地貌。

由水冻结形成的冰川也有着巨大的能量。冰川的静止只是表象,由于重力等外力的作用,它们一般都在缓慢地移动着。在移动的过程中,它们能够侵蚀岩石,拔起或加速裂解岩石,然后挟带着由此产生的物质一起移动。当冰川消融的时候,这些物质也就堆积下来了。在这个过程中,各种冰川地貌就逐渐形成了。

其实,地貌是内力和外力共同作用的结果。流水、冰川都是塑造地貌的外力。外力作用对地貌进行再塑造,使其变得更加丰富多样,而奠定了地貌基本格局的则是内力作用。内力作用主要表现为地壳运动、岩浆活动和变质作用。

14 穷人

> **跨学科方向** 地理、人文、文学

　　大海虽然危险重重，但也为穷困的渔夫一家提供了食物，让他们能够生存下去。大海里还有哪些宝藏？渔民们又是如何从海洋中获得食物的？《穷人》的作者又有怎样的成就呢？一起来看看吧！

1 海洋寻宝之旅

　　海洋覆盖了地球表面约71%的面积。海洋中蕴藏着许许多多的"宝藏"，来，让我们一起踏上海洋寻宝之旅吧！

　　首先，海洋本身就是一座巨大的水资源宝库。海洋水占了全球水储量的96.53%。通过海陆间的水循环，陆地上的

潮汐发电机

水不断得到补充，水资源得以再生。现在，我们还可以运用**淡化技术**将海水变为生产、生活用水。

　　想不到吧，海水的运动也蕴藏着宝藏。比如，海水在潮汐涨落周期运动中储存了**潮汐能**，它是一种丰富的可再生能源。人们现在已经开始利用潮汐能进行发

电了,相信在不久的将来,潮汐能还会为人类做出更大的贡献。

来到海面下,你会发现另一种宝藏——生物资源。海洋生物为人类提供了丰富的食物(如鱼、虾、藻等)和其他多种用途的资源(如医药原料和工业原料)。

继续向海洋深处进发,你会发现海底也埋藏着宝藏——矿产资源。海底的石油和天然气资源极为丰富,还有大量的煤、金、铁等资源。

海洋这个宝库如此巨大,还有无数的宝藏等待着我们去寻找、去开发。同学,让我们好好学习,将来一起去海洋中探寻更多的宝藏吧!

看,海洋里到处都有宝藏呢!

❷ 如何用渔网捕鱼？

你见过渔民撒网吗？渔民将手中的渔网使劲一抛，渔网就会像变戏法一样瞬间张得巨大，落入水中。渔民用的这种渔网叫"撒网"。撒网主要用在浅水区，是一种小型的圆锥形渔网，直径一般为 5 到 15 米。撒网的顶端有一根长绳，底部边缘向内折成夹边作为网兜，网兜边缘绑着沉子（一种在水中具有沉降力的渔具部件）。撒网被撒到水面后，在沉子的帮助下会罩向水底，并逐渐收拢。鱼原本优哉游哉地在水里徜徉，突然被这不速之客吓得慌了神，四处乱窜。一些鱼侥幸逃脱，还有一些鱼则被网兜网住，成了渔民的"战利品"。

要到大海上大量捕鱼，撒网可就发挥不了多少作用了，此时渔民就可以使用拖网了。拖网也是一种渔网，顾名思义，它是由渔船拖曳着进行捕捞作业的。渔船拖曳着这种网囊形的渔网，所到之处，大于网眼的海洋生物会被一网打尽。拖网捕捞可不一定只用到一艘渔船，你还能看到两艘渔船甚至多艘渔船拖曳一张渔网进行捕捞的情景呢！

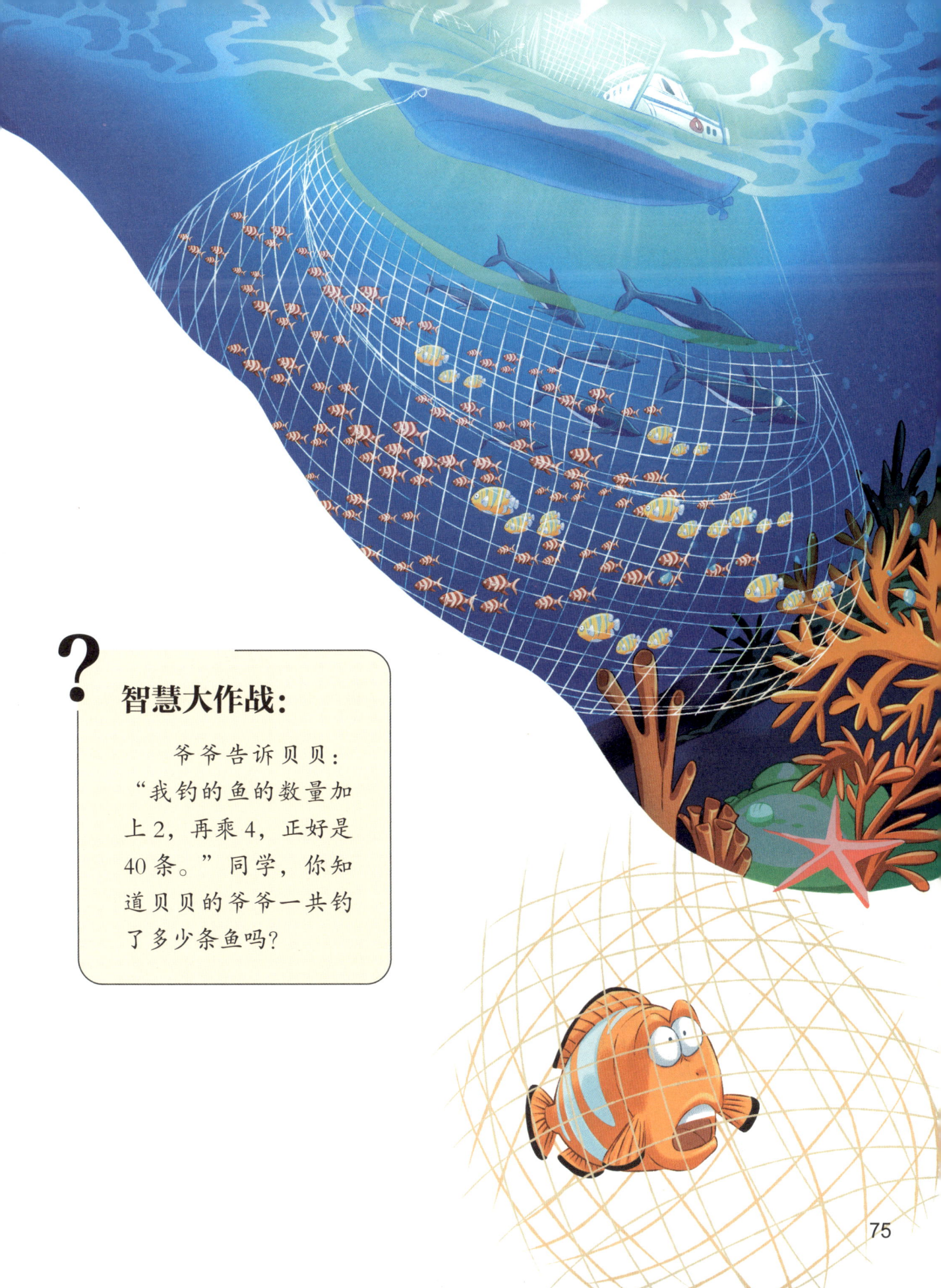

智慧大作战：

爷爷告诉贝贝："我钓的鱼的数量加上2，再乘4，正好是40条。"同学，你知道贝贝的爷爷一共钓了多少条鱼吗？

3 俄国革命的镜子

是谁，能有资格被称为"俄国革命的镜子""天才艺术家"，甚至是"全人类的骄傲"？他就是俄国著名的作家列夫·托尔斯泰。

托尔斯泰生活的时期正是俄国资产阶级革命前夕。19世纪中期，在内外交困的情况下，沙皇政府进行了农奴制改革。农奴制改革推动俄国走上了发展资本主义的道路。但是，农奴制的残余仍然存在，影响着俄国经济与社会的发展，使其社会矛盾日益尖锐。托尔斯泰的作品无情地揭露了沙皇制度和新兴资本主义势力的种种罪恶，反映了在社会转型时期俄国农民既想反抗又找不到出路的状态，所以，托尔斯泰被列宁称为"俄国革命的镜子"。

托尔斯泰的代表作有《战争与和平》《安娜·卡列尼娜》《复活》等。

《战争与和平》这部巨著以1812年拿破仑入侵俄国为题材，将"战争"与"和平"的两种生活、两条线索交叉描写，将笔触伸向了俄国广阔的生活领域，构成了一部百科全书式的壮阔史诗。

"幸福的家庭家家相似，不幸的家庭各各不同。"这句经典名言出自《安娜·卡列尼娜》，是这部小说开篇的第一句话。《安娜·卡列尼娜》讲述了贵族妇女安娜的婚姻、爱情故事，安娜最终卧轨自杀的结局让人唏嘘不已。这是一部令人叹息的时代悲剧。

在《复活》中，托尔斯泰描写了贵族、农奴、工人、囚犯、狱卒、革命者等各个阶层的各色各样的人物。这部小说是一面反映俄国农民在革命中的矛盾状况的镜子。

托尔斯泰的作品是深刻而隽永的，它总能引发人们深深的思考。如果有机会，你也可以阅读一下他的著作哟。

列夫·托尔斯泰
（1828年9月9日—1910年11月20日）

创作时期

1. 早期（1851—1862）：探索、实验和成长的时期，其后来作品中的一些基调和特色已初具雏形。

2. 中期（1863—1880）：其艺术炉火纯青，思想上紧张探索、酝酿转变的时期。《战争与和平》和《安娜·卡列尼娜》都创作于这一时期。

3. 晚期（1881—1910）：这时期其创作是多方面的，占重要位置的却是政论和论文。《复活》创作于这一时期。

身份

俄国作家。

代表作

《战争与和平》《安娜·卡列尼娜》《复活》等。

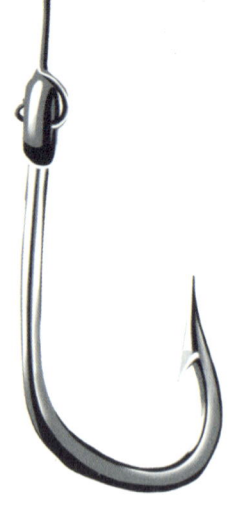

15 金色的鱼钩

跨学科方向 人文、生物

万里长征的艰辛是我们无法想象的。炊事班长自制鱼钩钓鱼，让生病的战士们"吃到了新鲜的鱼汤"。关于钓鱼和鱼，有什么有趣的知识吗？我们一起来看看吧！

❶ 钓鱼不简单

为什么鱼一旦咬上弯弯的鱼钩，就无法轻易逃脱呢？

鱼钩看起来普普通通的，但其实大有名堂。一枚普通的鱼钩是由轴头、钩轴、钩底、钩尖等部分组成的。如果你仔细观察，会发现鱼钩形状看似差不多，都是弯曲的金属钩子，但又大不相同。鱼钩按形状大体上可以分为**圆形钩**、**角形钩**、**长形钩**和**曲面形钩**等。用鱼钩钓鱼

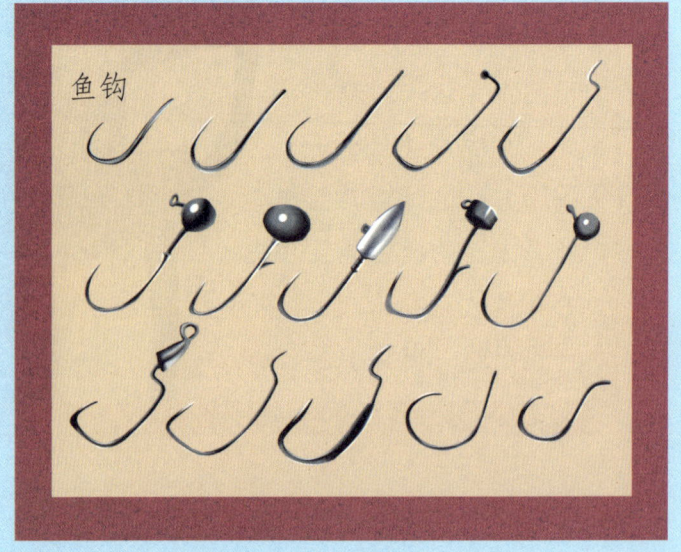

鱼钩

也要"因材施用",比如可以用角形钩钓中小型鱼类,用长形钩钓锐齿鱼等。而有的鱼钩在钩尖处还有一个倒刺,它能使上钩的鱼更加难以逃脱。

钓鱼时,为了吸引鱼,我们还要在鱼钩上挂上鱼饵。鱼饵的种类有很多,一般分为<u>拟饵</u>和<u>真饵</u>两类。拟饵是用羽毛、塑料等材料制成的形似小鱼、昆虫等的鱼饵。真饵又可以分成<u>动物性饵料</u>和<u>植物性饵料</u>两类。动物性饵料有蚯蚓、小鱼、小虾等活饵,生肥肉丁、猪肝等荤饵,以及钓鱼者自己加工而成的混合饵三类。植物性饵料种类也很多,既有茎叶、谷粒、玉米粒、香蕉等天然饵料,又有各种经过加工的饵料。

鱼饵

2 鱼的"迁徙"

炊事班长在茫茫草原上的水塘里钓到了鱼。这些水塘好像并不和江河湖泊等活水相通,那鱼是怎么来到这里的呢?

其实,水几乎是"无孔不入"的,在我们看来相互隔绝的河流、水塘之间也可能存在着连通的<u>水路</u>。一些鱼适应能力强,又富有冒险精神,有时候它们歪打正着,便能来到像茫茫草原上的水塘这样的新家园。

另外,正如有些植物会借助风或其他动物来传播自己的种子,有些鱼

也会借助其他动物（比如水鸟）来传播自己的鱼卵。近几个世纪，科学家们一直猜测很多鱼类可能是通过水鸟的脚掌或者羽毛将自己的卵带往遥远而彼此不相通的湖泊，甚至带到大草原上的水塘的。在几年前，一些科学家发现有种鱼的卵被鸟类食用和排出后，依然可以孵化出后代，于是，他们有了新的猜测——鱼卵可以通过鸟的肠胃传播。不管是以哪种方式，当水鸟飞去，鱼卵便也搭乘"空中客机"开始了旅行。如果水鸟飞到了某个水塘，鱼卵就有可能在这个水塘里"安家落户"，长成小鱼。

? 智慧大作战：

你知道鱼来到不与河、湖等相通的水塘的其他方式吗？

3 咕咕叫的肚子

咕咕咕……是谁肚子饿了？同学，你知道为什么我们会有饥饿的感觉吗？我们的肚子又为什么会发出"怪叫"呢？

在我们的大脑里，有一位名叫"**下丘脑**"的"法官"。这位"法官"个头不大，却身负要职。每天最让它"头疼"的案件，是判断我们应该听位于它外侧的**摄食中枢**的，还是听位于它腹内侧的**饱中枢**的。一听名字你就知道，这两个中枢一个负责告诉我们"我饿了，要吃饭"，一个负责告诉我们"我吃饱了"。

至于饥饿时，我们的肚子偶尔会发出咕咕的声音，这与我们辛勤的胃和肠道有关。饥饿时，胃和肠仍然在兢兢业业地工作着，不断地蠕动、收缩，一些**胃液**和空气也会随之运动，便会产生咕咕的声音，像是在提醒主人："快给我食物！"

摄食中枢

当我们饿了，胃会首先耐不住性子，产生一种叫"**生长激素释放肽**"（也叫作"**饥饿素**"）的激素，这种激素会让摄食中枢兴奋起来。再加上血液中的血糖水平降低等因素的刺激，摄食中枢便会产生比饱中枢更强大的信号，于是下丘脑就会宣判："饿了，该吃饭了！"

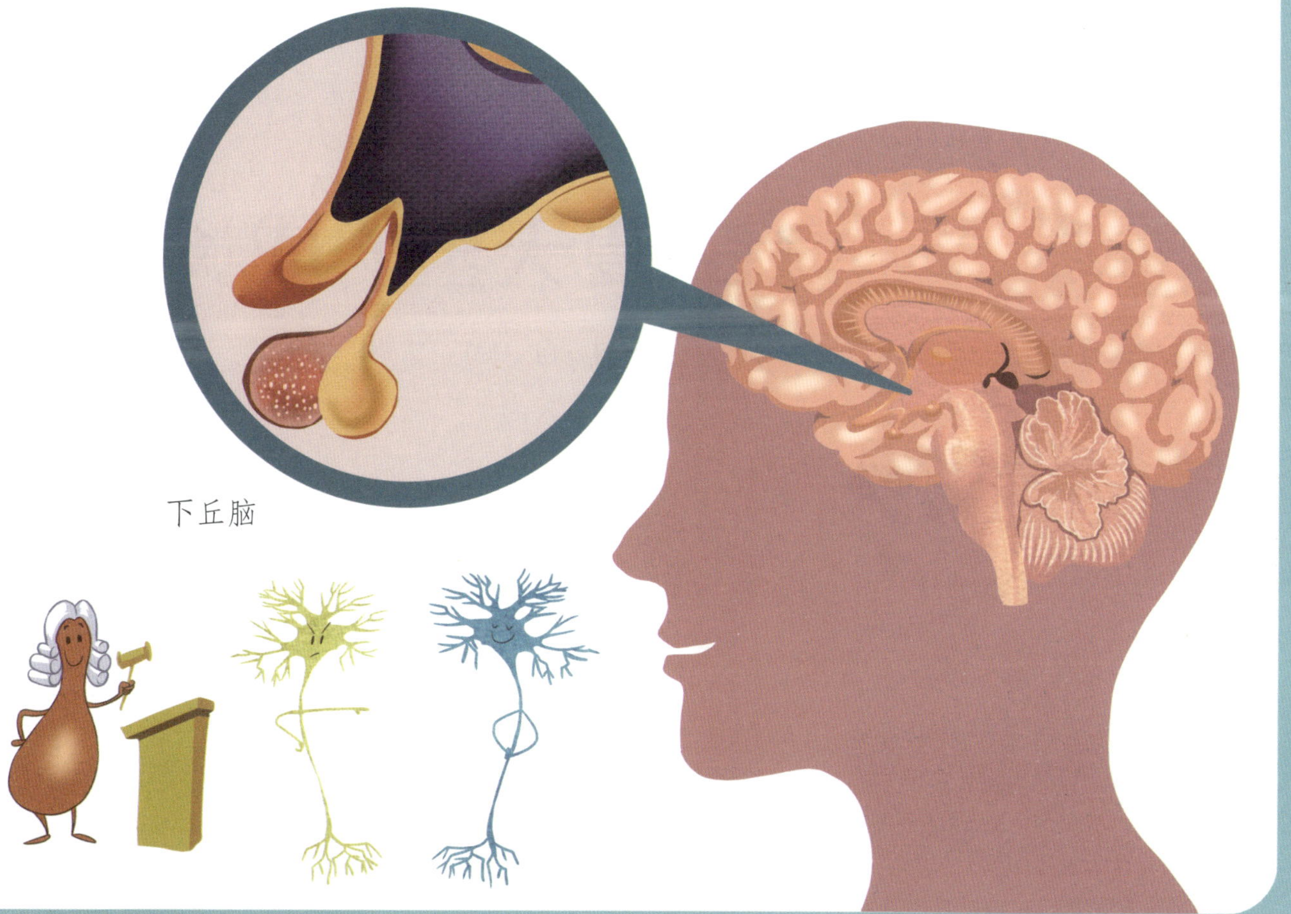

下丘脑

饱中枢

我们吃饱了饭后,饱中枢便占了优势,下丘脑就会宣判:"饱了,不要再吃了!"你知道吗?一旦饱中枢被损毁,我们就会产生难以满足的食欲,吃比平常多很多的食物,因而会逐渐变得肥胖。

第五单元

16 夏天里的成长

📖 跨学科方向 地理、生物、物理

除了"万物迅速生长"，夏天还有什么特别之处？生物又是什么？铁轨连接处为什么要有缝隙？现在，让我们一起来研究一下吧。

❶ 别样的夏天

"日不落"的夏天

你是否也曾幻想过："要是太阳不落山该有多好啊，那样就可以一直玩耍了。"在地球上的某些地方，你的这个愿望真的能实现，这些神奇的地方位于<u>南极圈</u>和<u>北极圈</u>内。这种"日不落"的现象，我们称为"<u>极昼</u>"。极昼是极圈内夏季特有的自然现象，是由于地球在沿椭圆形轨道绕太阳公转时，还绕着自身倾斜的地轴旋转而造成的。在南极点和北极点，你还能体验到长达半年的"日不落"哟。

"火"一样的夏天

中国有不少城市都被冠上了"火炉"的称号,它们每年都要比一比谁又创造了高温纪录。但要说中国夏季最热的地方,那就非新疆的吐鲁番盆地莫属了。吐鲁番盆地气候炎热干燥,年平均气温在30℃以上,绝对最高温度达47.6℃,历来有"火洲"之称。吐鲁番盆地中北部还有一座著名的火焰山。同学,你是否读过《西游记》?是否对孙悟空三借芭蕉扇,降服火焰山的情节印象深刻?相传《西游记》中四季皆热的火焰山就是指这座山。

火焰山

2 什么是生物？

"夏天是万物迅速生长的季节……草长，树木长，山是一天一天地变丰满……"会生长的东西都是生物吗？当然不是。这段引文中，草、树木是生物。山是非生物。生物有什么典型特征呢？

除了病毒这个特立独行的家伙以外，生物都是由**细胞**构成的。比如，人体由很多个细胞构成，而小小的细菌是由1个细胞构成的。细胞的个头虽然小，却是生命活动的基本单位。

像我们人类一样，绝大多数生物都需要吸入氧气，呼出二氧化碳。

细胞分裂

所有生物一生都要不断从外界获得营养物质，在生活过程中，还会将体内不断产生的多种废物排出体外。

就像人类会成长、变化一样，其他生物也能够由小长大。像我们人类这样的多细胞生物的生长，靠的不仅是细胞体积的增大，还有细胞数量的增多——这是靠 细胞分裂 实现的。

生物还有一个典型的特征就是发育到一定阶段后，就开始 繁殖 下一代。爸爸妈妈给了我们生命，其他动物也会直接下崽或产卵，植物则可以通过种子、孢子等繁殖下一代……能"生宝宝"的肯定是生物，毕竟大石头不会生出一堆小石子，大勺子不会生出一堆小勺子，对吧？另外，你想一下，你是不是和爸爸妈妈都有很多相像的地方，又有很多特征并不相同呢？其他生物也是这样，这就是生物的另一个特征——有 遗传 和 变异 的特性。

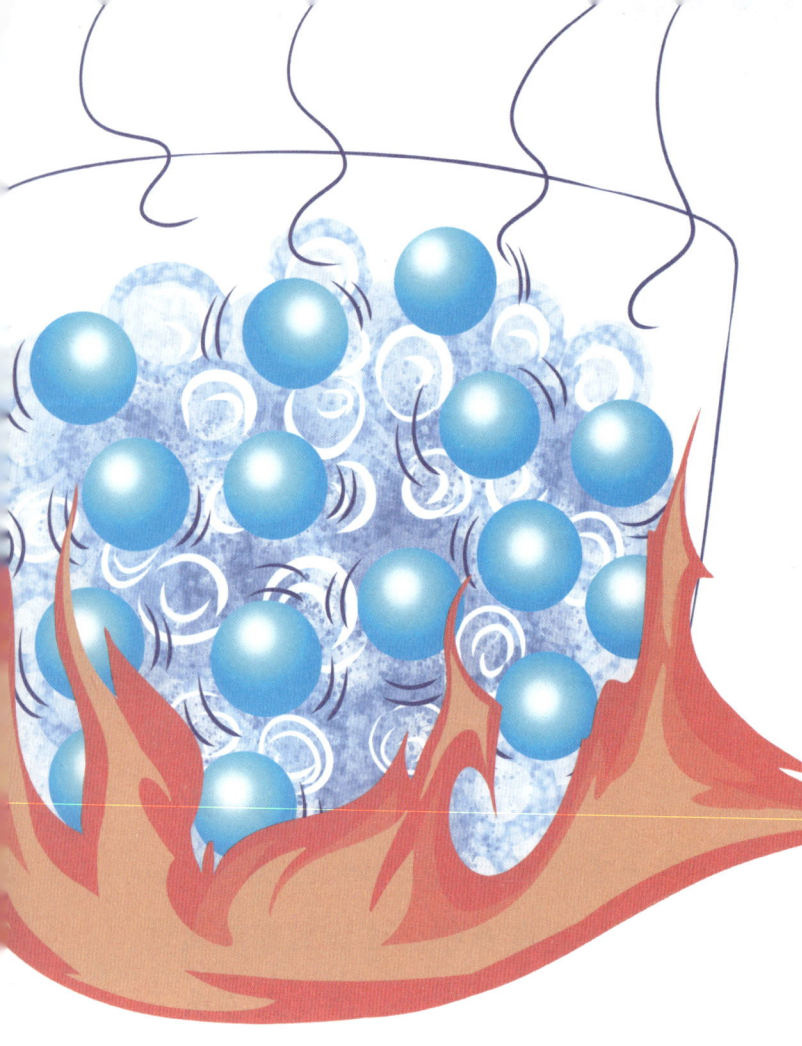

3 铁轨连接处为什么要留缝隙？

　　热胀冷缩是自然界中大多数物体的一种特性。一般情况下，当物体的温度上升时，它的体积会膨胀变大；温度下降时，它的体积则会收缩变小。这样的现象与物体中分子的运动有关。分子是由原子组成的，是物质中能够独立存在并保持该物质的一切化学特性的最小微粒。这些我们看不见的小家伙时刻在运动。当物体受热时，温度的上升会使分子更加"兴奋"，它们运动加快，运动的范围增大，这时它

们之间的平均距离就要增大，物体的体积因此会发生膨胀。相反，当物体遇冷，温度下降时，分子的运动受限，它们之间的平均距离减小，物体的体积也就缩小了。

热胀冷缩现象在生活中普遍存在，聪明的人类会加以利用，比如水银温度计、煤油温度计都是利用热胀冷缩原理制成的。不同的温度下，液体膨胀的体积不同，温度计中**液体柱**的高度有高有低，我们就能读出不同的温度了。

"最热的时候，连铁路的铁轨也长，把连接处的缝隙几乎填满。"这个现象的产生，是因为铁轨会热胀冷缩。而为了防止铁轨受热膨胀，挤压变形，铁轨连接处就会适当留有缝隙。另外，如果你留心观察，就会发现桥面也不是拼接得严丝合缝的，有些位置也留有**伸缩缝**，这也是因为考虑到了桥面的热胀冷缩。

伸缩缝

17 盼

跨学科方向 化学、物理、地理

同学，你有没有期盼过一场雨的到来呢？雨能给我们带来不一般的快乐体验，这快乐中也蕴含着许多知识，我们一起来看一下吧。

❶ 雨衣是如何防雨的？

你知道为什么雨衣不透水，能帮我们挡雨吗？

我们日常生活中常穿的雨衣，按照制作材料的不同，可以分为三类——橡胶雨衣、塑料雨衣和布质雨衣。除塑料雨衣外，另外两种雨衣的材料都是

通过在织物（比如棉布）表面涂覆防水涂层，来使其不透水的。同学，你用过蜡笔吧？制作蜡笔的一种重要原料就是石蜡，而经过特殊处理的石蜡是一种不错的防水涂层。石蜡乳化以后会变成细小的粒子，均匀地分布在棉布的纤维上，形成一层"护盾"。原先，水一旦经过棉布表面，就会立刻通过纤维间的"毛细血管"渗透进去，布也就湿了。但石蜡和水"合不来"，两者一旦相遇，水就只能变成水珠，在石蜡"护盾"表面滚来滚去了。

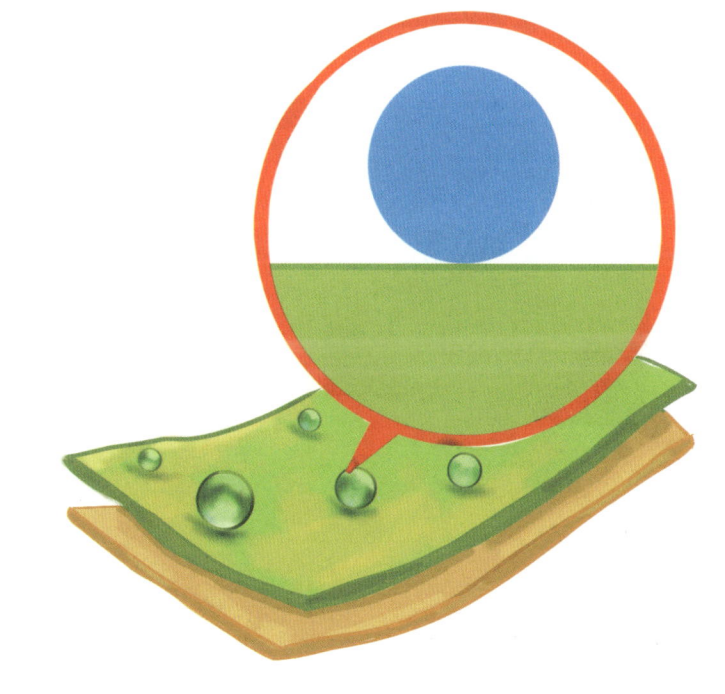

水分子　　　　石蜡　　　　棉纤维

为什么水对不同的材料不能"一视同仁"呢？水能打湿普通棉布，这是浸润现象。水不能湿润石蜡，这是不浸润现象。当水与固体接触时，微观上，它们的接触面内存在着薄薄的一层水分子，这层水分子被称为"附着层"。水落到石蜡"护盾"上，水分子间的内聚力大于附着力（附着层水分子和固体分子间的作用力），宏观上就表现为水不能附着在石蜡"护盾"上，也就不能湿润石蜡"护盾"，进而打湿石蜡涂层下的棉布了。

随着科学技术的发展，现在雨衣采用更厉害的聚氨酯（PU）、热塑性聚氨酯（TPU）、聚氯乙烯（PVC）等涂层，防水效果更好了。

2 酸雨的形成

同学，你知道吗？并不是所有的雨都值得期盼。有一种雨，它有较大的腐蚀性，可以酸化土壤、腐蚀建筑物、影响动植物生长和人体健康，还会带来其他多种问题。它就是酸雨。煤、石油等燃料的使用，给我们的生产生活带来了极大的便利，但也带来了二氧化硫和氮氧化物。二氧化硫、氮氧化物以及它们在大气中发生反应后的生成物，溶解在雨水中，就会形成酸雨。

什么是溶解呢？溶解是生活中一种很常见的现象，比如把一勺白糖放入一杯水中，不一会儿，白糖就消失不见了，而水却变甜了，这正是因为白糖溶解到了水中。这个溶解的过程是怎样的呢？白糖分子们团结一致，构成了白糖。水分子们也一样，它们手牵着手，构成了水。当把白糖（**溶质**）放入水（**溶剂**）中时，白糖分子们在水分子的作用下，竟然变得不再团结，而是和水分子手牵着手跑开了，就形成了糖水（**溶液**）。二氧化硫、氮氧化物等也是这样溶于水，形成酸雨的。

? 智慧大作战：

同学，酸雨对环境危害巨大，人们已经采取了多种措施来防治酸雨。你知道有哪些措施吗？

93

3 城市中的雨水都去哪里了？

同学，你有没有想过，为什么在大多数情况下，一场雨过后城市中都不会有很多积水呢？落到地面上的雨水都到哪里去了？它们为什么能消失得那么快？是大地把它们全"喝"掉了吗？

当然不是。大地的"胃口"确实不小，但它"喝水"的速度可没那么快。在城市里，大量的雨水能及时排走，离不开完善的城市排水系统。平时，你能看到的只是城市排水系统的冰山一角，比如排水沟、窨(yìn)井盖等。但其实它非常复杂，而且遍布城市巨人全身，能及时有效地将雨水分散地就近排入江河湖海等水体。

城市排水系统只应对雨水吗？当然不是。城市排水系统是由收集、输送、处理、处置、利用城市污水和雨水的工程设施及非工程设施组成的系统，既包括**城市雨水系统**，又包括**城市污水系统**（含**再生水厂**）。城市污水一般要先在污水处理厂进行处理，符合标准后才能排入城市排水管道。现在为了缓解水资源短缺、解决水环境污染问题，污水处理厂正逐步转变为再生水厂，将污水由传统的一级、二级处理排放，转变为经过三级处理或深度处理后再利用。

污水处理厂

第六单元

18 古诗三首

跨学科方向 地理、生物

诗人们常常通过写景来抒发自己的情感，比如气势磅礴的黄河盛景、朦胧秀丽的江南春景，还有山清水秀的田园风光等。接下来，让我们一起来看看与这些景色相关的几个小知识吧。

① 黄河之水

黄河古称"河"，在《汉书》中第一次被称为"黄河"。要问它得名"黄河"的原因，刘禹锡已经告诉我们答案了——九曲黄河万里沙。为什么黄河中有这么多泥沙呢？要知道，在发源地，黄河水还是很清澈的。给黄河染上黄色，使之成为世界上含沙量最大的河流的，正是黄河中游所流经的黄土高原。黄土高原是中国四大高原之一。这里土层疏松，植被也遭到了严重破坏。如果遇到暴雨，大量"意志"不坚定的泥沙就会被带跑，与雨水一起汇入黄河，黄河水就变得又黄又浑浊了。

黄河进入下游的平原地区后，河床坡度变缓，水流速度减慢，跟着河水长途跋涉的泥沙也会停下来"休息"，使河床不断抬高。黄河下游因此而"易淤、易决、易徙"，历史上曾多次决口泛滥、改道，给人民带来过多次洪涝

黄土高原

灾害。于是，为了防治水害，人们被迫不断加高堤坝，这就使得黄河下游河床高出两岸地面，成为"地上河"。

为了解决黄河含沙量过大的问题，人们采取了很多卓有成效的措施，比如在黄土高原地区封山育林、退耕还林还草等。

黄河下游的"地上河"示意

2 绿色的"毯子"

在丰富多彩的植物世界里,美丽的鲜花和高大的树木总是惹人注目。但如果你留心观察,就可能发现这样一些植物,它们悄悄地给阴湿的墙角、清澈的溪流边等地方铺上了一层绿色的"毯子"。它们就是苔藓植物。

苔藓植物一般都很矮小,结构简单,通常具有类似茎、叶的分化,但是它们的茎中没有导管,叶中也没有叶脉,根非常简单,被称为"假根"。但你千万别小看了苔藓植物,它们可是高等植物,在个体发育的过程中是有胚胎期的。只不过,它们是最原始的高等植物。

苔藓植物及其细胞

有毒气体

你知道吗？苔藓植物还是空气污染的"监测器"呢！它们是如何做到的？原来，许多苔藓植物的叶只有一层细胞，二氧化硫等有毒气体很容易从叶的背腹两面侵入细胞，从而威胁它们的生存。所以，在空气污染比较严重的地方，是很难见到苔藓植物的。

19 只有一个地球

跨学科方向 地理

地球是一个伟大而神奇的星球，是"人类的母亲"，是"生命的摇篮"。现在，就让我们一起深入探索地球的奇妙之处，再看看有没有其他行星可以成为我们的新家园吧。

❶ 地球成长记

我们的地球差不多46亿岁了。说到地球，就不得不提到太阳系。按照**星云说**的解释，太阳系是由一个旋转的**原始星云**在收缩过程中逐渐形成的。康德星云说认为，这个原始星云是由大小不等的固体微粒组成的。在**万有引力**的作用下，大微粒把小微粒吸引过去凝成较大的团块，而且团块越来越大，引力最强的中心部分吸引的物质最多，先形成太阳。外面的微粒在太阳的吸引下向中心体下落时，与其他微粒碰撞而改变方向，变成绕太阳进行圆周运动。这些绕太阳运动的微粒又逐渐形成几个引力中心，这些引力中心最后凝聚成朝同一方向转动的行星。地球就是这样诞生的。

地球刚刚形成时，是一个灼热的球体。这时候的地球没有大气，表面熔岩横流，地震和火山喷发也随处可见。

星云

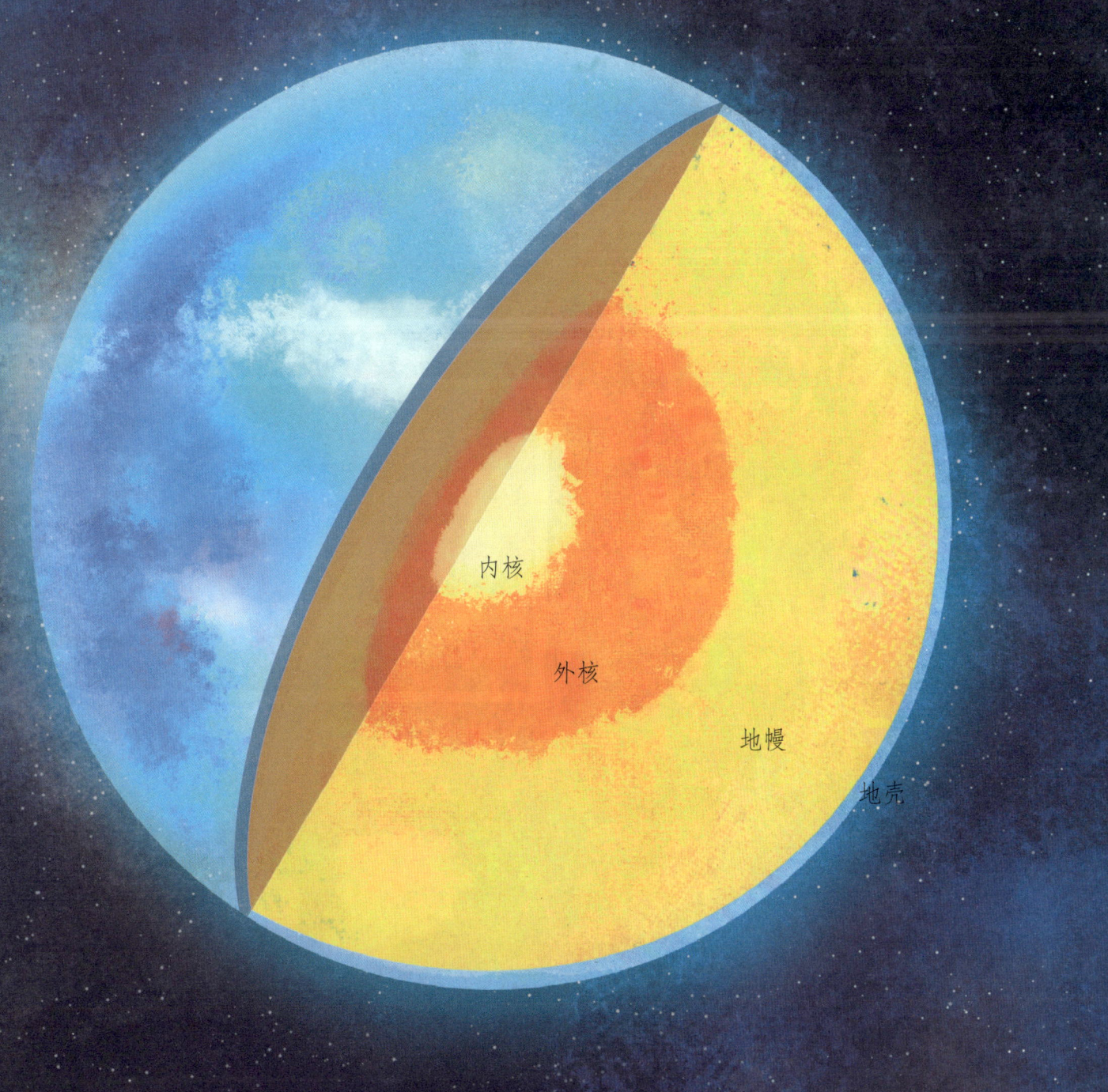

就像人会长大一样，地球也慢慢变得成熟起来。随着时间的推移，它开始分层并出现地核和地幔。后来，地球的温度渐渐降低下来，形成了固态地壳。**原始海洋**和**原始大气**接连出现后，地球进入了生命的孕育阶段。到如今，地球有了层次分明的**圈层结构**，有地核、地幔、地壳等内部圈层，还有大气圈、水圈、生物圈等外部圈层。

❷ 地球上的水来自哪里？

同学，你有没有想过，地球上的水是从哪里来的呢？关于地球上的水的来源，目前有两种说法——**自源说**和**外源说**。

自源说认为，地球上的水来自地球本身。持这种观点的科学家认为，地球诞生时，形成地球的物质里就含有水，或者包含组成水的元素——氢和氧，氢和氧又在适宜的条件下发生化学反应生成了水。地球在最初形成时温度很高，随着时间的推移，地球温度逐渐降了下来，水便以液态形式出现在地球表面了。

火山爆发

外源说又分为两种。其中一种认为地球上的水来自其他**天体**。一些本身携带水的天体（如彗星、陨石等）撞击地球，给地球带来了水。另一种外源说认为，太阳风为地球带来了氢核、碳核、氧核等原子核，这些原子核与地球大气圈中的电子结合成氢原子、碳原子、氧原子等，再通过不同的化学反应变为水分子。

不过，现在越来越多的证据表明，地球上的水以自源为绝对主要来源。

即将撞向地球的天体

3 寻找新的家园

地球是我们人类的家园，要是地球发生了什么意外，我们可以搬到哪儿去呢？同学，我们一起来找一找，宇宙中有没有另一个"地球"吧！

让我们先看一看地球的邻居——太阳系另外七大行星吧。适合人类居住的行星需要满足什么条件呢？最基本的无外乎适宜的水、大气和温度。按这个条件一筛选，就能给太阳系划定一条**宜居带**，其中的行星只有地球和火星。宜居带之外的行星，通通没有适宜人类生存和繁衍的水、大气和温度等条件。水星可谓是冰火两重天，面向太阳的一面表面温度约400℃，而它背向太阳一面的表面温度最低可达−160℃以下，而且它的大气非常稀薄。金星大气的主要成分是二氧化碳，**温室效应**使金星的表面温度高得可怕——约480℃，开空调都不能把这个温度降下来啊！木星就别提了，要知道，它是一颗**气态星球**，表面还有极强的**风暴**，人类根本无法

水星

金星

火星

木星

在木星立足！即使人类有办法立足，木星的低温也会让人类难以生存。土星表面最高温度约 -150℃、天王星表面温度约 -180℃、海王星表面温度约 -218℃，而且它们都没有适宜人类生存的大气条件。那处于宜居带的火星，情况又如何呢？火星似乎让我们看到了一丝希望。它全球表面年平均气温为 -63℃，穿厚一点儿似乎没什么问题。火星上还发现有河床、水道等，说明火星地表下有大量的水资源，火星的两极等地也被证实有水冰存在。但别高兴得太早，火星稀薄的大气和巨大的昼夜温差等，还是让人类难以生存，要是想将火星作为新的家园，我们可得给它动一番"大手术"。

让我们将目光再放远一些，到太阳系外去寻找新的家园。在2015年，科学家们还真发现了"另一个地球"。这是太阳系外一颗围绕类似太阳的恒星运行的行星，被命名为"**开普勒-452b**"。开普勒-452b的直径是地球的1.6倍，而且科学家认为，理论上它表面会有适宜生命存在的液态水和大气。那将它作为我们的新家园如何呢？理想很丰满，现实很残酷。开普勒-452b离我们有1400多**光年**，也就是说，就算我们在真空中以光速前进，也要1400多年才能到达。

以我们现在的科技水平，要找到一个新家园实在太难了。当前我们最应该做的就是保护好美丽的地球。

20 青山不老

跨学科方向 地理

人与土地之间有什么故事呢？我们一起来看一下吧！

1 山坡种田为哪般？

你瞧，这层层叠叠的农田像一级级阶梯一样，所以被称为"梯田"。梯田有许多优点，开垦梯田却并非易事，需要投入大量的人力和物力。那么，人们到底为何要在坡地上开垦梯田呢？大部分地区开垦梯田其实是无奈之举，因为适宜耕种的土地不够！你也许想问：我国的陆地领土面积约960

万平方千米，位居世界第三，怎么会缺少适宜耕种的土地呢？这与我国土地资源的特点有关。我国幅员辽阔，土地资源总量丰富。但我国山地多、平原少，宜耕土地面积小，再加上人口众多，对粮食的需求量大，这才形成了我国"人多地少"的尴尬局面。

修建梯田的好处真不少，既可以使耕地得以向丘陵山地扩展，扩大了可耕种的空间，又具有防止坡耕地水土流失的功效。梯田良好的通风透光条件，也有利于农作物获取生长过程中所需的光照与水分。现在，中国不仅是全球梯田面积最大的国家，还是全球梯田类型最多、分布区域最广的国家。

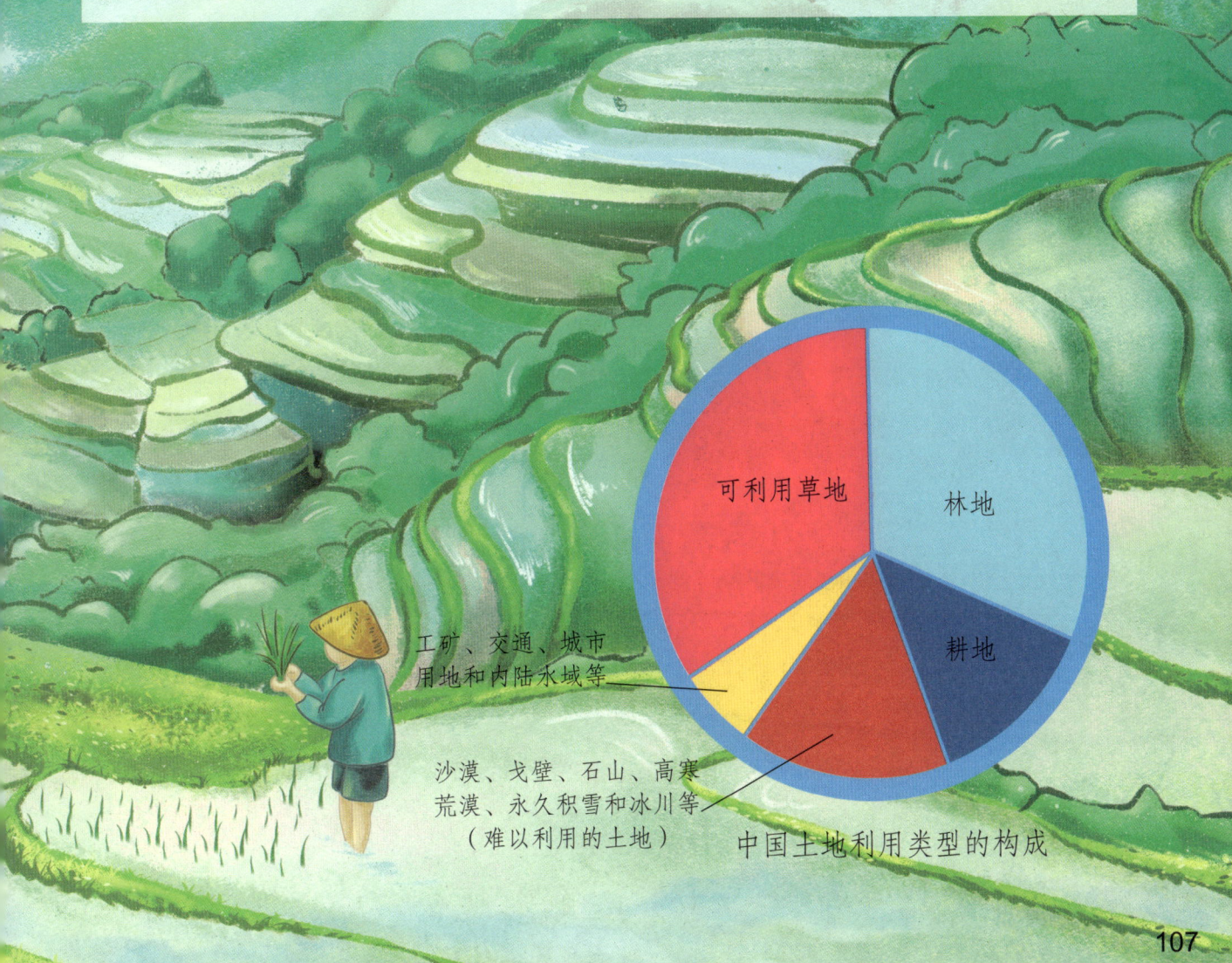

工矿、交通、城市用地和内陆水域等

沙漠、戈壁、石山、高寒荒漠、永久积雪和冰川等（难以利用的土地）

中国土地利用类型的构成

2 中国三种重要的土壤

土壤是农作物生长的物质基础。中国的土壤类型很多，我们来看看其中的三种——黑土、黄土和红土吧。这三种土壤不仅"肤色"不同，"性格"也各异。

中国的黑土主要分布于黑龙江和吉林。这一地区夏季温暖湿润，草类生长茂盛，冬季寒冷，微生物活动较弱，土壤中有机物分解慢、积累较多，所以土色较黑。黑土层的沉积过程非常漫长，长达1万年以上。较长的形成时间使黑土吸收了各界的"精华"，成为名副其实的"耕地中的大熊猫"，也成就了中国的"北大仓"。

中国的黄土广泛分布在西北、华北等地区。提到黄土，我们眼前总会浮现出黄土高原千沟万壑的景观。黄土疏松肥沃，便于耕种。但黄土土质疏松，也非常容易遭受流水的侵蚀。在流水的侵蚀下，黄土高原地表破碎、沟壑纵横。

红土地

黄土地

红土是在高温高湿的条件下发育而成的，在中国主要分布在长江以南的丘陵地区。红土为什么会呈现红色呢？这是因为它**氧化铁**含量很高。红土也是生命的摇篮。红土虽然呈酸性，但其中的有机质和养分非常适合一些作物生长，比如，茶树就很适合生长在红土地上。

21 三黑和土地

📖 **跨学科方向** 数学、地理、生物

土地是生命的源泉，农民与土地有着深厚的感情。农民三黑更是对自己的土地有着别样的热爱。现在，让我们一起来认识一下丰收、土地和土壤，再探究一下味道的秘密吧！

疏 ↓ 密

❶ 丰收和密度

对于农民来说，最开心的事莫过于粮食大丰收了。三黑也期待着明年庄稼"收得更多"。怎样才能让庄稼"收得更多"呢？同样面积的土地上，是庄稼种得越多、越密，**产量**越高吗？当然不是。一块地上庄稼种植得密度适当、间距合理，才能让产量尽可能地高。

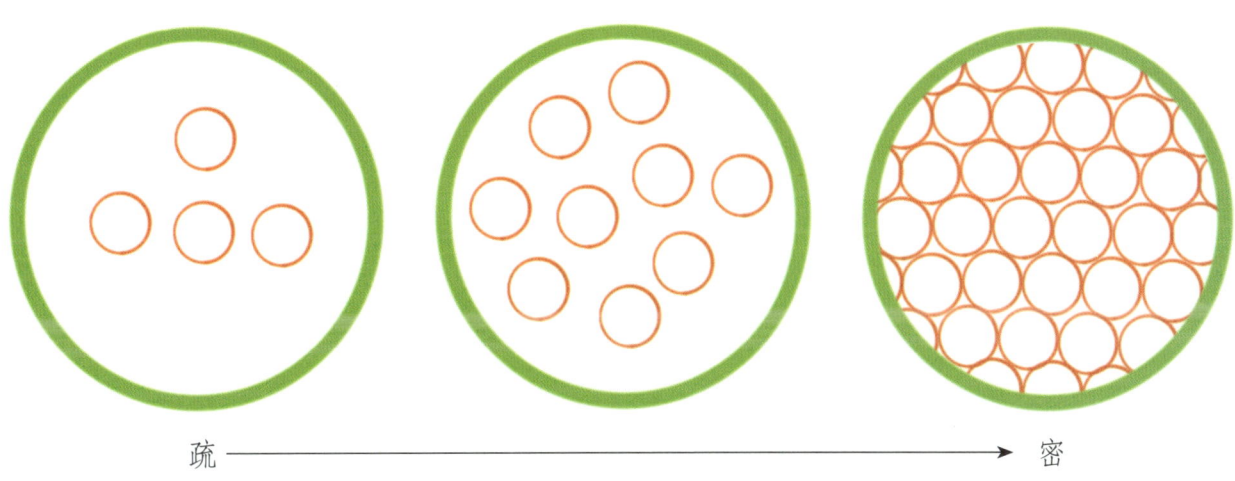

疏 ——————————→ 密

　　这里的"密度"意思是疏密的程度。想象一下，你学校的操场有400平方米，学生们正均匀地分布在操场上做操。如果正在做操的学生有800个人，通过简单的数学运算我们知道，在操场上做操的学生的密度平均是2人每平方米。如果操场上只站了400个学生，那他们的间距就会变大，密度会变小，平均是1人每平方米；而要是站了2000个学生，那他们的密度达到平均5人每平方米。现在，你知道如何计算庄稼种植的密度了吧？那怎么确定庄稼种植的密度呢？农民们会根据种的是什么庄稼，这种庄稼有什么特性，在什么地方种，以及该地区生长季节的气候等，来确定单位面积的土地上要种多少庄稼，以便充分利用土地和光、热、水、肥资源，获得理想的产量。庄稼既不可种得太稀，也不可种得太密哟！

？ 智慧大作战：

　　假设水稻的种植密度是每亩（1亩合666.7平方米）45000株，亩产水稻1000千克，那么1株水稻的平均产量是多少千克呢？

2 土壤"大餐"

三黑打算明年"把地浇得肥肥的,让庄稼长得更好"。那么怎样的土地才称得上肥沃呢?让我们先来了解一下土壤吧。

土壤是陆地表层具有一定肥力,能够生长植物的疏松表层,它由矿物质、有机质、水分和空气四种物质组成。土壤可以不断地为植物提供生长所需的养分。比如,土壤中能直接被植物吸收利用,或经转化后能被植物吸收利用的必需矿质营养元素有13种,比如氮(N)、磷(P)、钾(K)、钙(Ca)、镁(Mg)、硫(S)等。土壤的养分是土壤肥力的重要物质基础,是土壤肥力的重要组成因素。所以,土壤养分含量越高,土地就越肥沃。

土壤中的养分含量主要来源于土壤矿物质、土壤有机质和人为施肥。很多动植物在生命尽头会"化作春泥",变成土壤有机质。土壤有机质在微生物作用下又可以转化为腐殖质。腐殖质的形成贮存了植物所需的养分。人们还可以通过施肥来让土地变得肥沃,为植物提供一顿营养丰富的"大餐"!

3 味道的秘密

虽然我们不会"恨不得把每一块土,都送到舌头上,是咸是甜,自己先来尝一尝",但能尝出酸甜苦辣咸各种味道,对我们来说意义重大。等等,应该是"酸甜苦咸","辣"很特殊,和它们不太一样!为什么这么说呢?

要说味道,就不得不提到味蕾。味蕾分布在我们的舌乳头、腭、咽等处的上皮内。对着镜子伸出舌头,你会发现舌头的表面有许多微小的突起,它们就是舌乳头。每一个味蕾都是一支尽忠职守的"侦察小队"。每支"侦察小队"有数十到上百位专门辨别味道的"侦察兵"——味觉细胞。"侦察兵"

舌乳头放大剖面图

味蕾结构示意图

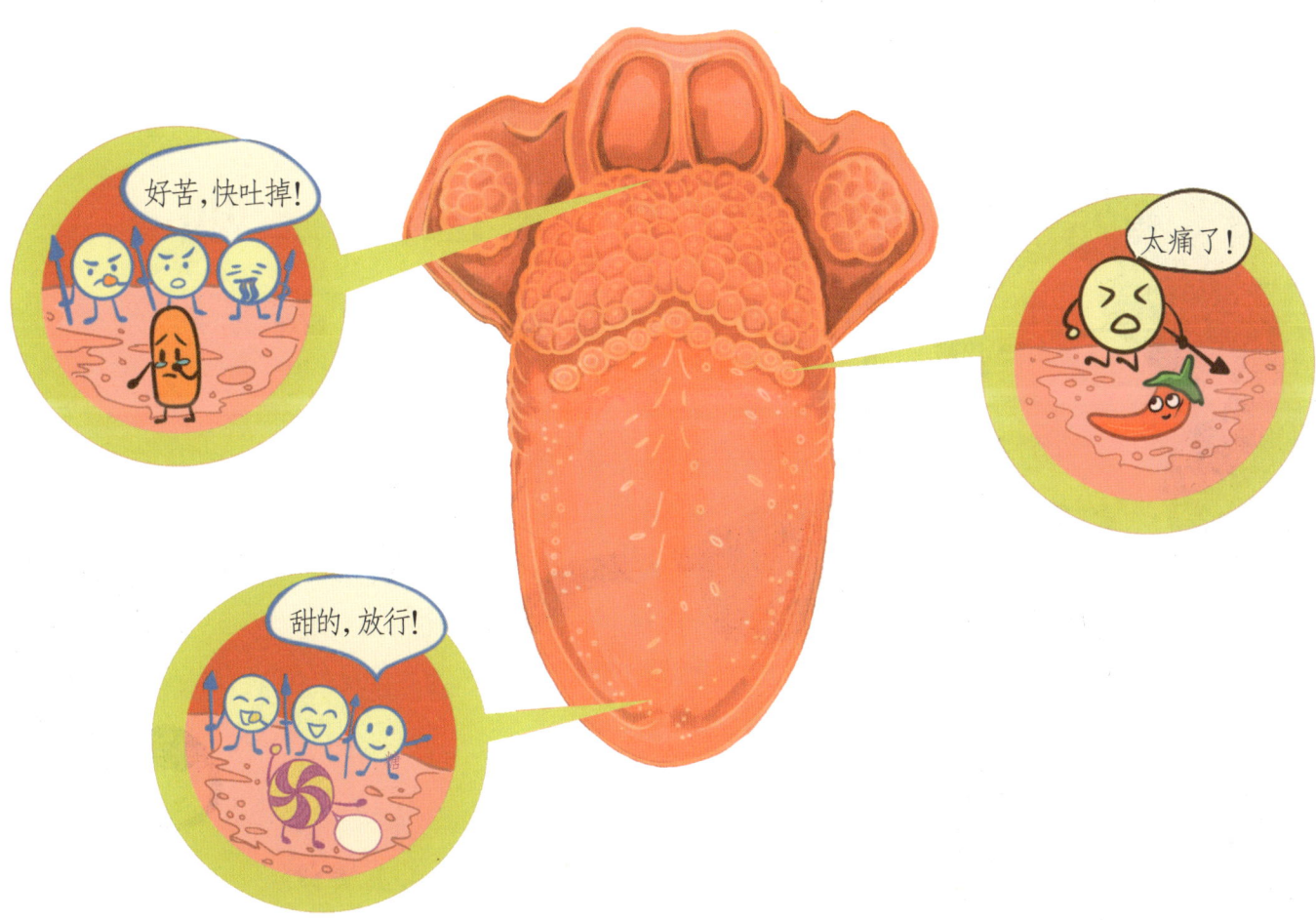

在分辨味道时也各有所长。它们有专用的检测装备——**味觉感受分子**。味觉感受分子存在于味细胞膜表面,不同的味道物质能与不同的味觉感受分子结合,从而表现出不同的味道。味觉细胞受到味道物质的刺激而产生兴奋,这种兴奋经神经纤维传到大脑皮层,从而产生味觉,我们就知道品尝的食物是什么味道了。

我们的基本味觉有四种——甜、酸、咸、苦,其余都是混合味觉。有观点认为,舌的不同部位对四种基本味觉刺激的敏感程度也不同,比如舌尖对甜的刺激最敏感,舌根对苦的刺激最敏感,舌边的中间处对酸的刺激最敏感,舌的前部则对咸的刺激最敏感。

那辣和酸、甜、苦、咸有什么不同呢?其实啊,辣觉不单单是一种味觉,它是热觉、痛觉和味觉的混合!你说,辣味是不是很特殊呢?

第七单元

22 文言文二则

跨学科方向：生物、音乐、物理、美术

音乐可以生动地展现高山流水，画作可以形象地呈现世间百态。现在，让我们一起走入艺术世界吧。

1 音乐是位魔法师

经常有人沉醉在音乐的世界里无法自拔，音乐到底有着怎样的魔力呢？

音乐的魔力首先在于，它可以调节我们的心情，给我们带来情感共鸣。音乐能通过不同的旋律、和声、歌词等，调动起人的愉悦、悲伤、兴奋等情绪。比如，轻快的音乐能让我们感到快乐。这是因为我们听到轻快的音乐时，血液涌向了大脑中分泌**多巴胺**（一种与冲动、上瘾相关的化学物质）的部位。而大脑分泌的多巴胺越多，我们就越快乐。

音乐还会让我们变聪明。你听说过"莫扎特效应"吗?科学研究发现,聆听莫扎特的音乐对大脑有好处,可以观察到新生神经元的增加,而音乐的节奏在其中起着关键作用。这也就是说,好的音乐可以让人变聪明。但是,你可不要听着音乐学习呀!因为音乐会减弱你对新知识的认知及学习能力,还会使你因为沉浸其中而分心。

音乐的魔力还有许多,比如降低血压、放慢心率、减少焦虑等等。音乐真是位优秀的魔法师!

多巴胺结构式

2 从弦到乐曲

同学,你知道琴(古琴)、吉他、二胡这些乐器有什么共同之处吗?没错,它们都是**弦乐器**。弦乐器是如何发声的呢?

弦乐器都是以弦振动原理发声的乐器,发声方式有擦奏、拨奏、击奏等。比如,你轻轻拨动一根弦时,琵琶就发出声音了,这是拨奏。这一发声过程看似简单,但其实包含了很多步骤。首先,一根两端固定、绷得笔直的弦在不同方式(比如拨动)的外力的作用下,会产生振动,发出声音。但仅靠弦振动发出的声音是比较微弱的,所以弦乐器通常有一个木制的**共鸣器**来使声音更洪亮。比如,我们现在比较熟悉的琵琶那像半个梨一样的"身体",就是

琵琶

它的共鸣器。弦振动时会迫使共鸣器振动，帮助把弦的振动能量大面积地向空气辐射传播出去。这样，我们就可以听到响亮的声音了。

那为什么有的弦发出的声音低，有的弦发出的声音高呢？这与弦的状态有关。首先是弦的"个头"和"块头"。长而粗的弦发声的**音调**低，短而细的弦发声的音调高。其次是弦的紧张程度。绷得紧的弦发声的音调高，绷得不紧的弦发声的音调低。

弦和琴体各部分振动时，都有各自的**固有频率**。它们固有频率的组合呈现一系列共振频率的峰和谷。这些峰和谷在频率上的分布如果比较均匀，弦乐器的发音一般就是好的；否则就可能出现高低音不均衡的现象，甚至产生音调起伏不定的"狼音"。而弦乐器的弦马、音柱和低音梁等部件的作用是向琴体各部分传递振动，它们的材质、尺寸、形状和位置等，对面板、背板以至整个琴体的振动状态和固有频率都有一定影响并起调节作用，所以弦乐器的音质优劣和它们也有一定关系。

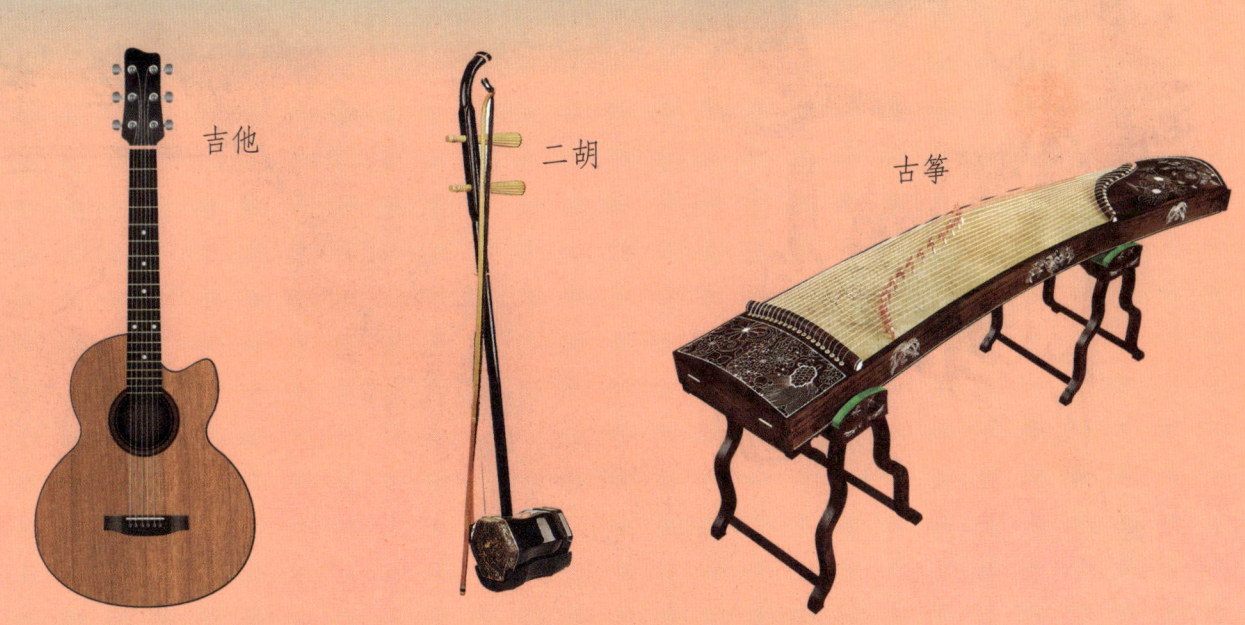
吉他　二胡　古筝

3 动物们的专属画师

从古至今，中国诞生了许多有名的画家，其中有不少风格独特、擅长画动物的名家，让我们一起来认识一下吧。

几乎人人都喜欢马，它英俊潇洒，驰骋奔腾的样子就是一幅美丽的图画。我们中国有一位画家，他画的花鸟、走兽、风景等简练明快、富有生气，尤其是他画的马，令他驰名中外。他就是徐悲鸿。从古至今，画马的画家不在少数，徐悲鸿画马有什么独特之处呢？古代的名家画马，多以工笔见长，就是用鲜明的线条把马的样子刻画下来。但徐悲鸿呢，他画马既运用了透视与解剖知识，又结合了中国写意笔墨。徐悲鸿的马看上去似乎就是他拿着一支大粗笔，在纸上"胡乱"画了几笔而成的。但就是这狂放的寥寥数笔，却演绎出了马的动态，比如《奔马》就让我们感觉这马似乎真的从我们身边奔过了。

还有一位画家，在大部分人的印象里，他是白须及胸，但目光炯然、淡然自若的样子。他是齐白石，一位"人民艺术家"。齐白石擅长画花鸟鱼虫，画的虾尤其著名。齐白石年轻时就开始画虾，据说他后来还在家里养虾。常年的细心观察、揣摩和反复练习，使得齐白石笔下的虾活灵活现。有意思的是，齐白石画虾几乎不画水，但通过用水用墨、线条曲直变化等，让一只只虾"活"了过来，仿佛在水中嬉戏游动。

　　除了《书戴嵩画牛》中提到的戴嵩，中国还有哪些擅长画牛的画家呢？唐代有位著名的画家韩滉，他的《五牛图》几乎无人不知。而说到现当代的画牛名家，就不得不提李可染了，他画牛的代表作有《浅塘渡牛图》《犟牛图》等。李可染画的牛非常"接地气"，充满了浓浓的生活气息。李可染喜欢牛的强劲和吃苦耐劳，连自己的画室都起名叫"师牛堂"。

23 月光曲

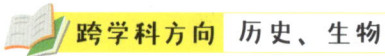
跨学科方向 历史、生物

贝多芬谱写《月光曲》背后的故事是否让你感动呢？贝多芬帮助了别人，自己也从中获得了灵感，创作了这首经典曲子。现在，让我们一起了解一下贝多芬、音乐的黄金时代，以及视觉的相关知识吧。

1 命运的主宰者

贝多芬在古典音乐上取得了非凡的成就，而他本人的命运却充满了坎坷。

1770年，贝多芬出生在德国。他的家境并不富裕，母亲是一个女仆。他的父亲虽然是个**男高音歌手**，却碌碌无为又嗜酒。因为渴望儿子成名，他甚至用暴力迫使贝多芬学习音乐。贝多芬早早就被迫承担起养家的重任。即便如此，贝多芬还是依靠自己的天赋和勤奋，成了有名的**作曲家**和**钢琴家**。

然而,命运不仅把贝多芬"推倒在地",甚至还对他"拳打脚踢"。从1796年起,贝多芬开始遭受耳聋的折磨,这对他来说无疑是巨大的打击。除此之外,贝多芬还要面对爱情的失意、精神的痛苦,亲人也没有带给他太多的温暖。贝多芬是否因此被打倒了呢?当然没有。

贝多芬的许多作品,比如著名的《英雄交响曲》《命运交响曲》《月光奏鸣曲》《悲怆奏鸣曲》等,都完成于他的耳聋症状开始之后。据说,他晚年时用一根小木杆,一端插在钢琴箱内,一端咬在牙齿中间,这样在作曲时听音。凭着顽强的意志力,在完全失聪之后,贝多芬还创作完成了《合唱交响曲》(即《第九交响曲》)等作品。

可以说,贝多芬是一个不幸的人,痛苦伴随了他一生,但他并未向命运低头。正如罗曼·罗兰在《贝多芬传》中所说:"世界不给他欢乐,他却创造了欢乐来给予世界。"

2 音乐的黄金时代

贝多芬用他的天赋和惊人的毅力，创作了许多著名的曲子，而他所处的18世纪到19世纪这段时间，可谓是"音乐的黄金时代"。这一时期涌现出了许多著名的作曲家，除贝多芬外，还有巴赫、海顿、莫扎特等。他们就像是音乐的魔法师，将古典音乐推上了一个高峰。这一时期不仅有众多优秀的作曲家，这些作曲家也是硕果累累。单单是巴赫，一生就创作了1000多首曲子。这个时期乐曲形式还特别丰富多样，有 交响曲、协奏曲、奏鸣曲、四重奏 等。让我们坐上时间机器，一起来了解一下这一时期载入史册的几位作曲家吧。

咻——我们来到了18世纪的德意志。此时，巴洛克艺术已经到了晚期，古典主义正在兴起。我们见到了晚年的约翰·塞巴斯蒂安·巴赫。这位巴洛克盛期代表人物创立了复调的最高形式——赋格，将复调音乐推向了一个崭新的阶段，被公认为西欧古典音乐的创始人，被称为"音乐之父"。

莫扎特

咻——我们又来到18世纪的奥地利,观看了**歌剧**《费加罗的婚礼》《魔笛》《唐璜》等。你知道这些都是谁的作品吗?没错,是莫扎特的。莫扎特的创作遍及音乐各个领域,他奠定和发展了协奏曲等体裁规范,是西方音乐史上最有影响的代表人物之一。你还有可能欣赏到贝多芬的作品呢!贝多芬的作品继承了海顿和莫扎特的音乐传统,又预示了**浪漫主义时代**的来临。

这个时期的音乐技术也取得了重大的进步,和声学、乐器制造、音乐教育等方面都有了显著的发展,这些为音乐的黄金时代的来临和发展打下了基础。

? 智慧大作战:

同学,你知道哪些中国的作曲家吗?他们都有什么代表作品呢?

3 视觉知多少

你也许想不到，世界上跟听贝多芬弹琴的盲姑娘一样失明的人的数量在 4000 万以上。你知道他们为什么会失明吗？

首先，我们要搞清楚我们的眼睛是如何工作的。我们的眼睛近似球形，它就像一台神奇的照相机，无色透明的角膜相当于照相机的镜头。当我们看一个物体时，它反射的光线通过我们的角膜进入眼睛后，会穿过一个叫"瞳孔"的小洞。瞳孔就像照相机的光圈，可以调节进入眼睛的光线的量。然后物体反射的光线会穿过晶状体、玻璃体。晶状体可以通过折射将光线聚焦于视网膜。而睫状体中的睫状肌收缩可以带动晶状体的厚度变薄，反之则可以带动晶状体增厚，通过这种方式，我们就可以看清远处或近处的事物了。最后，物体反射的光线会到达我们的视网膜，在视网膜上形成一个物像。视网膜上有两种特殊的感光细胞，一种叫"视锥细胞"，它们能在明亮的光线下发挥作用，使我们能分辨颜色；另一种叫"视杆细胞"，它们主要在暗光下发挥作用，没有识别色彩的功能。这些感光细胞获得物体的图像信息后，会迅速地通过视神经将信息传到大脑的特定区域，大脑会立刻对这些信息进行处理，形成视觉。这样，我们就看到了这个物体。

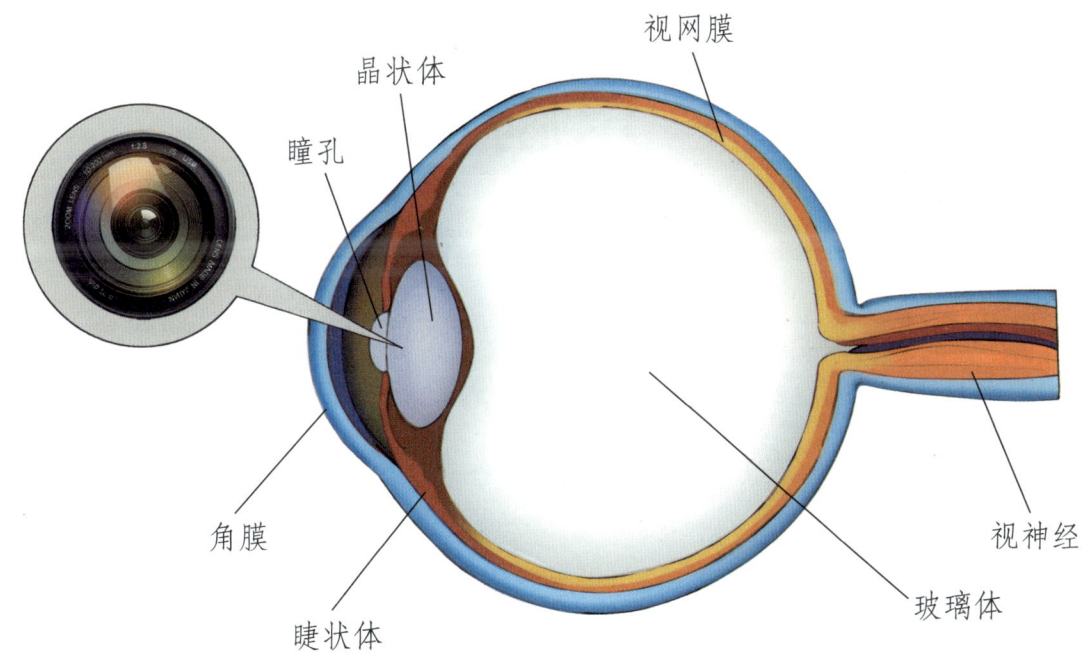

　　如此高级的照相机也非常容易出故障。而眼睛的一些疾病（如青光眼、白内障等）、一些意外伤害和一些遗传原因，都可能造成视力损害，甚至导致失明。但是，视力受损并不意味着失去了了解世界的能力。人们还发明了一种文字符号，帮助失明的人阅读和写作，那就是盲文。中国现在也有以汉语拼音方案为基础的"汉语盲文"。如今，医生们可以通过更换角膜、晶状体等来帮助部分失明的人复明，科学家们也在努力研发人工视觉辅助系统，来帮助失明的人"看"到物体。

24 京剧趣谈

跨学科方向 历史、艺术

你是否对这个古老的表演形式产生了浓厚的兴趣？京剧中色彩斑斓的脸谱、五花八门的道具等，无一不彰显出京剧的魅力。让我们走入京剧大世界，一起来长知识吧！

❶ 梨园

我们这里要讲的"梨园"可不是长满了梨树的果园，而是唐玄宗时教练宫廷歌舞艺人的场所。《新唐书·礼乐志》就有对梨园的记载。梨园在当时的京都长安（今陕西西安）光化门（一说芳林门）外的禁苑中，园内有"梨园亭"，供演奏乐曲用。后人将戏曲界称为"梨园行"，将戏曲从业人员称为"梨园子弟"。

2 梅兰芳和梅派

京剧在发展过程中形成了许多表演艺术风格独特的流派。旦脚("脚"同"角")行当就有梅派、程派等流派。梅兰芳是梅派的代表人物,在长期的舞台实践中,他对京剧旦脚的唱腔、念白、舞蹈、服装等方面均有所创造发展,形成了自己的艺术风格。梅兰芳也与荀慧生、尚小云、程砚秋并称"四大名旦"。

❸ 京剧脸谱

　　脸谱是传统戏曲中演员面部化装的一种程式。一般认为，脸谱是由唐代乐舞大面所戴的面具，以及参军戏副净（一种戏曲脚色行当）的涂面化装逐渐演变而来的。各种人物大多有特定谱式和色彩，以此来突出人物的性格特征，表现对人物的褒贬，如用红色表示忠勇、用黑色表示粗直、用白色表示奸诈等。京剧与流行音乐结合的戏歌——《说唱脸谱》中就唱到了"红脸的关公""黑脸的张飞""白脸的曹操"等。

　　京剧脸谱主要是净、丑行当的面部化装。净脚的脸谱综合了写实与象征、图案化与漫画化等表现手法。丑脚的脸谱则是在鼻梁眼窝间涂抹白粉。

京剧脸谱不仅有剧种之别,还有流派之分,展示了中国戏曲脸谱的丰富多样。京剧脸谱在长期的演出实践中逐渐总结归类,充分发挥了形、神、意的艺术特点,使人物造型在离开舞台表演时,仍然具有相对独立的审美意义和欣赏价值。

? **智慧大作战:**

同学,你可以选择一个京剧人物,并讲一讲他的脸谱吗?

4 不一般的道具

京剧舞台能够展现出各种各样的场景，离不开五花八门的道具的协助。除了《京剧趣谈》中介绍的马鞭、酒壶等，京剧舞台还会用到什么道具呢？

"百变"桌椅

你也许会想："桌子、椅子有什么好介绍的？太普通了。"其实，京剧舞台上最常用的一组道具就是"一桌二椅"。"一桌二椅"是如何通过不同的"排兵布阵"表示场景的呢？其实桌椅在用时可多可少、可分可合。把一张桌子摆在舞台正中，一张椅子放在桌子后面，这叫"大座"，再通过在桌子上摆放出不同的道具，表示这里是朝堂、衙门、厅堂、书房、酒楼等。椅子放在前面则叫"小座"，表示这里是皇宫内院、闺房、内室等。除此之外，桌椅的摆列样式还有斜场大座、三堂桌（pèi）等。京剧舞台上还用不同颜色和图案的桌围、椅帔，烘托渲染环境。比如表示

皇帝临朝，就用黄色绣龙的桌围、椅帔。"一桌二椅"还能"变身"成其他事物：如果仅仅是一张桌子，它就可以表示绣楼、舟船、床榻等，比如《三岔口》中有人物蹿上床榻（桌子）睡觉的场景……

"真假"刀枪

京剧舞台上的打斗场面会让"台下看的人非常紧张，一个个大气儿不敢出，都把眼睛睁得大大的"。那你有没有疑问："京剧演员使用的是真家伙吗？"这里我们主要讲一讲京剧舞台常用的刀和枪。它们通常不是真刀真枪，是由特殊材料制作而成的。这些材料既可以模拟真实武器的外观，又能保证道具的重量和使用的安全性。比如刀的主体通常是用竹子制成的；枪的枪杆可以用藤制成，有的会再漆上金色，有的会再裹上布带，也有只用光杆的。这些精心制作的武器，在舞台上还真能以假乱真呢。

第八单元

25 少年闰土

> 跨学科方向　物理、生物

少年闰土给少年鲁迅讲了很多他"往常的朋友所不知道的"事。让我们跟着少年闰土,来一场别样的科学探索吧!

❶ 金属有何魔力?

少年闰土脖子上的银项圈和手中刺猹的钢叉有一个共同的特点——都由金属制成。下面我们来看看跟我们的生产、生活密不可分的金属的两个非常重要的能力吧!

先来说说金属的导电能力。没有包覆绝缘或保护层的电线,通常是用铜、铝、铜合金等金属材料制作而成的。要问原因,无非是金属导电性好。在前面的文章中我们已经讲过了,金属导电靠的是自由电子。金属中的自由电子非常多,所以金属导体的导电性很好。金属虽然容易导电,但是对电流也有一定的阻碍作用。在物理学中,电阻被用来表示导体对电流阻碍作用的大小。不同的金属电阻也不同,电阻较小的金属导电性较强。相同条件下,铜的电阻比铝小,导电性就比铝好。

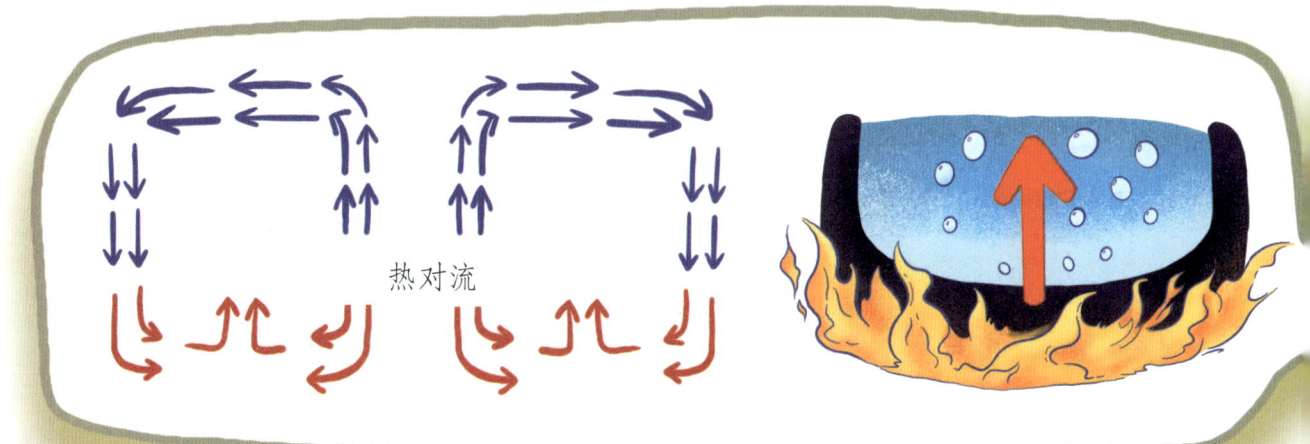

热对流

我们常说"技多不压身"，金属也一样，它们的 导热 能力也是一流。对于这一点，金属中的自由电子也功不可没。金属主要通过自由电子的运动来导热。比如，一位厨师要做"烧鸭汤"，他会先将燃气灶打着火，等待火焰将铁锅加热到合适的温度。在这个过程中，铁锅中的"热量快递员"自由电子就会开始行动，带上分配给自己的那份热量，迅速将热量从接触火焰的锅底传递到锅的其他部分。在烹饪的过程中，通过 热对流，汤慢慢沸腾起来，热量也会源源不断地传递给锅中的食材。

2 酶

少年闰土说:"月亮地下,你听,啦啦的响了,猹在咬瓜了。"甘甜多汁的西瓜谁能不爱呢?说起来,你知道是什么成就了西瓜的美味吗?

果蔬的营养物质主要包括碳水化合物、有机酸、矿物质、维生素和色素等,这些物质是在果蔬的不同生长发育时期通过各种途径合成的。这一过程中少不了一种叫"酶"的物质,它是一种具有生物催化功能的高分子物质,这种催化能力被称为"酶的活性"。生物体的化学变化几乎都是在酶的催化作用下进行的。

西瓜中的糖分主要是蔗糖、葡萄糖和果糖。在西瓜果实糖分积累的过

我就是"酶",我身上有标志性的凹槽。

程中，蔗糖转化酶、蔗糖磷酸合酶、蔗糖合酶是三种最为重要的**代谢酶**，它们控制着果糖、葡萄糖的合成与转化，使西瓜在成熟时糖分的积累达到蔗糖、果糖、葡萄糖含量平衡的程度，西瓜特有的风味就产生了。

酶和我们人类也息息相关。比如，我们体内有多种**消化酶**，在它们的作用下，食物中的淀粉、蛋白质等大分子有机物可以分解为能被细胞吸收的小分子有机物。这是食物消化的一个重要过程。很多疾病的产生也与酶有关。一旦由于某些原因造成某一种酶的缺失或催化活性低下，生物的新陈代谢就会紊乱，可能导致疾病甚至死亡。而医生也可以通过检测人体特定的酶的含量，来判断疾病的状况。比如，当检测到患者的转氨酶异常升高时，医生就知道他的肝脏可能受损了。

3 稀奇生物是什么？

少年闰土给少年鲁迅讲了猹和跳鱼儿等稀奇的生物，它们都是什么呢？

鲁迅先生在写给舒新城的一封信中说："'猹'……现在想起来，也许是獾罢。"哦，猹原来是獾呀！獾又是一种什么样的动物呢？

獾又称"狗獾"。它身体健硕，体长 50～65 厘米。它有扁扁的头、尖尖的鼻子，还有一对短小的耳朵和一双黑豆似的眼睛。它的四肢短粗，爪子有力。它身上的毛呈灰色，有时发黄；头部有三条宽宽的白色纵纹。獾一般选择在丛林、荒山、溪流等处的灌木丛中"安营扎寨"。它是一种杂食性动物，靠着灵敏的嗅觉，拱食各种植物的根茎，也吃蚯蚓和地下的昆虫幼虫等。它主要在夜间活动，有冬眠的习性，广泛分布于欧洲和亚洲。

少年闰土口中还有一种奇特的生物——"有青蛙似的两个脚"的"跳鱼儿"。它就是**弹(tán)涂鱼**。弹涂鱼身体比较扁，长约10厘米；呈淡褐色，体侧散布有暗色斑点。弹涂鱼在我国沿海地区均有分布，它栖息于海水或河口附近，常离开水跳跃，退潮时在海边的泥滩上觅食。凭借发达的胸鳍基部的**肌肉柄**，它可以在泥滩上匍匐或跳跃。浮游动物、昆虫及其他无脊椎动物都是它心爱的美食，有时它也会刮食底栖硅藻和蓝绿藻。

智慧大作战：

同学，少年闰土还提到了稻鸡、角鸡、鹁(bó)鸪(gū)等鸟类，你知道它们都有什么特征吗？快去查一查吧！

26 好的故事

> 📖 **跨学科方向** 地理、科技、人文

在"灯火渐渐地缩小了"的"石油"灯的灯光下,鲁迅"闭了眼睛","在蒙胧中,看见一个好的故事"。同学,让我们走进鲁迅的故事,走进科学的世界吧!

❶ 石油的前世今生

鲁迅的灯用的"石油"其实指的是煤油。煤油按用途可分为航空煤油和灯用煤油。我们看名字就知道,用于照明的就是灯用煤油,在生活中它也被用作燃料。煤油其实是一种轻质石油产品。

同学,你知道石油是怎么来的吗?由于对石油原始物质的看法不同,科学界出现了有机成因说和无机成因说两种观点。有机成因说认为,石油是古代动植物遗骸被埋藏在有适宜的深度和地热条件的环境内,经过极长的时间和一系列复杂变化而形成的。无机成因说认为,自然界的无机碳和氢经过化学作用形成了石油。

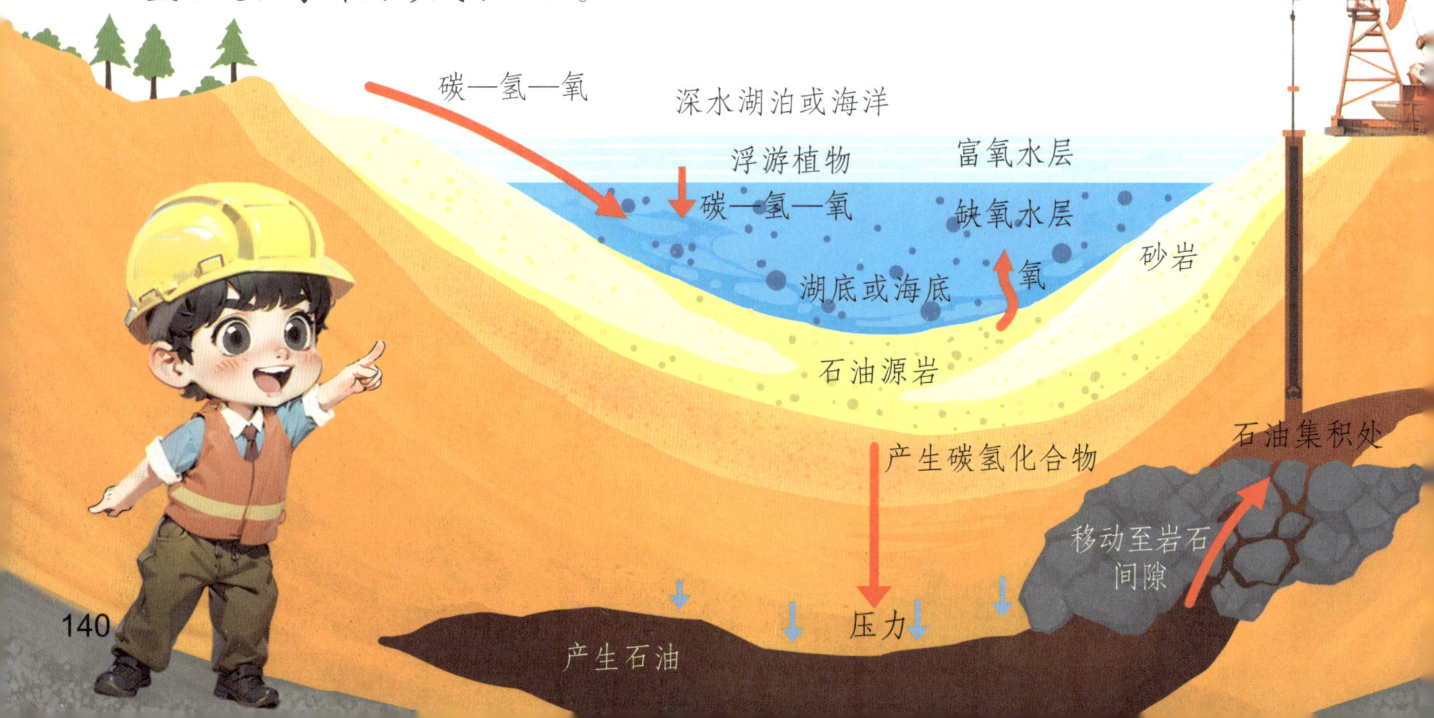

在我们的印象中，石油是一种又黑又黏的液体。其实，在透射光下，原油（未经加工的石油）呈多种颜色，比如无色、淡黄色、黄褐色、深褐色、黑绿色、黑色等。原油呈现什么颜色主要与其所含的**胶质**、**沥青质**的比例有关。胶质和沥青质含量越高，原油的颜色就越深。

石油是怎么变成煤油的呢？煤油可由石油经**分馏**后获得。石油中各种成分的沸点是不同的，利用这一点，将石油加热炼制，就可以得到不同的产品了，这个过程就叫作"分馏"。比如，要获得煤油，就要先把原油加热至一定温度，使其变成蒸气后输进**分馏塔**。分馏塔越高的位置温度越低。石油蒸气在上升过程中降到一定温度后，就会凝结出煤油。不同种类的油就是这样得到的，是不是很神奇？

❓ 智慧大作战：

同学，你知道我们平常用的哪些物品是石油产品吗？

2 带你"穿越时空"的虚拟现实（VR）

鲁迅用文字为我们展现的画面固然美，但仅凭文字很难让每个小读者都身临其境。倘若戴上 VR 设备，我们就能来一场"穿越时空的旅行"，切身体验"好的故事"了。

VR 的英文全称是 virtual reality，它就是人们常说的"虚拟现实"。它的本领是借助相关技术，给你打造一个堪比真实场景的"梦境"。借助 VR，你可以回到几亿年前，看着史前生物在身边穿梭；也可以站在月球上，感受浩瀚太空的无穷魅力……

VR 生成仿真现实的三维模拟环境，构造视觉、听觉等方面高度主观真实的人体感官感受，离不开先进的技术和设备。我们戴上 VR 眼镜后"看"到、"听"到的一切，都是开发人员运用一系列专业技术"制作"的。借助动态环境建模技术、三维图形生成技术等，一个逼真的世界就打造完成了。VR 设备还有一些特殊"帮手"——陀螺仪等传感器装置，它们可以实时检测头部的运动状态，将信息发送给应用软件的处理模块。处理模块抓取到这些信息后，会立刻计算用户的观看视角，并重新渲染一个画面传递到 VR 眼镜上，用户就可以看到新的虚拟场景了。VR 技术可不只是简单的图像和声音等的呈现，它还可以应用于教育领域，让我们真实地观察某处名胜古迹、向我们展示并讲解人体器官等。它甚至可以应用于医疗领域，比如医护人员的培训和复杂的手术规划等。

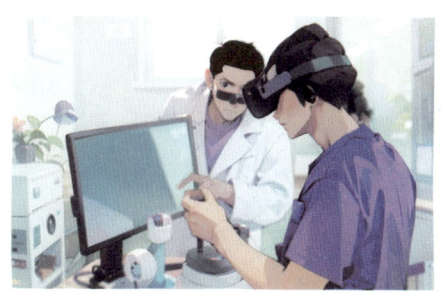

3 南京云锦

鲁迅说:"许多美的人和美的事,错综起来像一天云锦……"南京云锦是中国传统工艺美术丝织品,你听说过它吗?

公元 417 年,东晋在建康(今南京)设立了专门管理织锦的官署——锦署,标志着南京云锦正式诞生。南京云锦是中国四大名锦之一,入选了《人类非物质文化遗产代表作名录》。从元代开始,云锦就一直是皇家服饰的专用品。清代的云锦品种繁多、图案庄重、色彩绚丽,代表了南京云锦织造工艺的最高成就。

如果你看过南京云锦的作品就会发现,色彩绚丽只是它的表象,"贵"气逼人才是它的内涵。我们都知道织布必不可少的便是线,织造云锦的主要材料是桑蚕丝,织花纹图案的时候还会用到金线、银线等。色彩绚烂的飞禽羽毛也会被独具匠心的匠人们织进云锦中,比如孔雀羽。用孔雀羽织成的云锦,在阳光下会折射出五彩斑斓的颜色。云锦的纹样也十分丰富,光是龙纹就有团龙纹、行龙纹、正龙纹等,各有各的寓意。

　　如果仅仅以貌取"锦",未免显得有些肤浅了,南京云锦的制造工艺有着重要的价值。南京云锦工艺独特,织造难度大,而且对织机以及织工的技术要求都极高。织造云锦需要用大花楼织机,这是一个构造复杂的大块头。织造云锦要由两位织工配合完成,机楼上的织工——拽花工负责提升经线,下面的织工——织手则负责根据提起的经线妆金敷彩,整个过程细致而复杂。

大花楼织机

27 我的伯父鲁迅先生

> 跨学科方向 历史、生物

我们现在认识了"为自己想得少，为别人想得多"的鲁迅。鲁迅究竟还有哪些我们不曾了解的一面呢？一起来看一看吧！

❶ "跨界人才"鲁迅

鲁迅是中国文学家、思想家和革命家。他原名周樟寿，后改名周树人。1918年发表中国现代文学史上第一篇白话小说——《狂人日记》时，他首次使用笔名"鲁迅"。这篇小说揭露了人性的阴暗与旧礼教"吃人"的本质，奠定了新文学运动的基石。鲁迅一生著作等身，他是新文化运动的伟大旗手，对中国革命文化事业做出了巨大贡献。

一开始，鲁迅并没有想走文学之路。在南京求学期间，鲁迅接触了许多近代科学、社会学等学科的译著，其中对他影响最大的是《天演论》（严复根据赫胥黎《进化论与伦理学》原著译述的书），并确立了基本的科学观和进化论思想。1902年，他赴日留学，立志学医，希望用新的医学"促进国人对于维新的信仰"。但后来的经历让他意识到"我们的第一要著，是在改变他们的精神",于是他弃医从文,改为从事文艺工作,希望以此来改变国民精神。

鲁迅还是一位老师。辛亥革命后,鲁迅曾在北京大学、北京女子师范大学等学校授课。值得一提的是,北京大学的校徽就是鲁迅设计的。1926年,他曾南下厦门大学任教。1927年,他又到广州中山大学任教,不久因国共分裂与大革命失败,愤而辞去教职。

鲁迅对中国文化事业的贡献不仅体现在文学创作上。他还大力翻译外国进步文学作品,搜集、研究、整理大量古典文学作品。他有33部共250余万字的译著,18种共100余万字的古籍辑录、校勘。

同学,看到这里,你是不是对鲁迅这位"跨界人才"更加敬佩了?

鲁迅北大校徽设计手稿

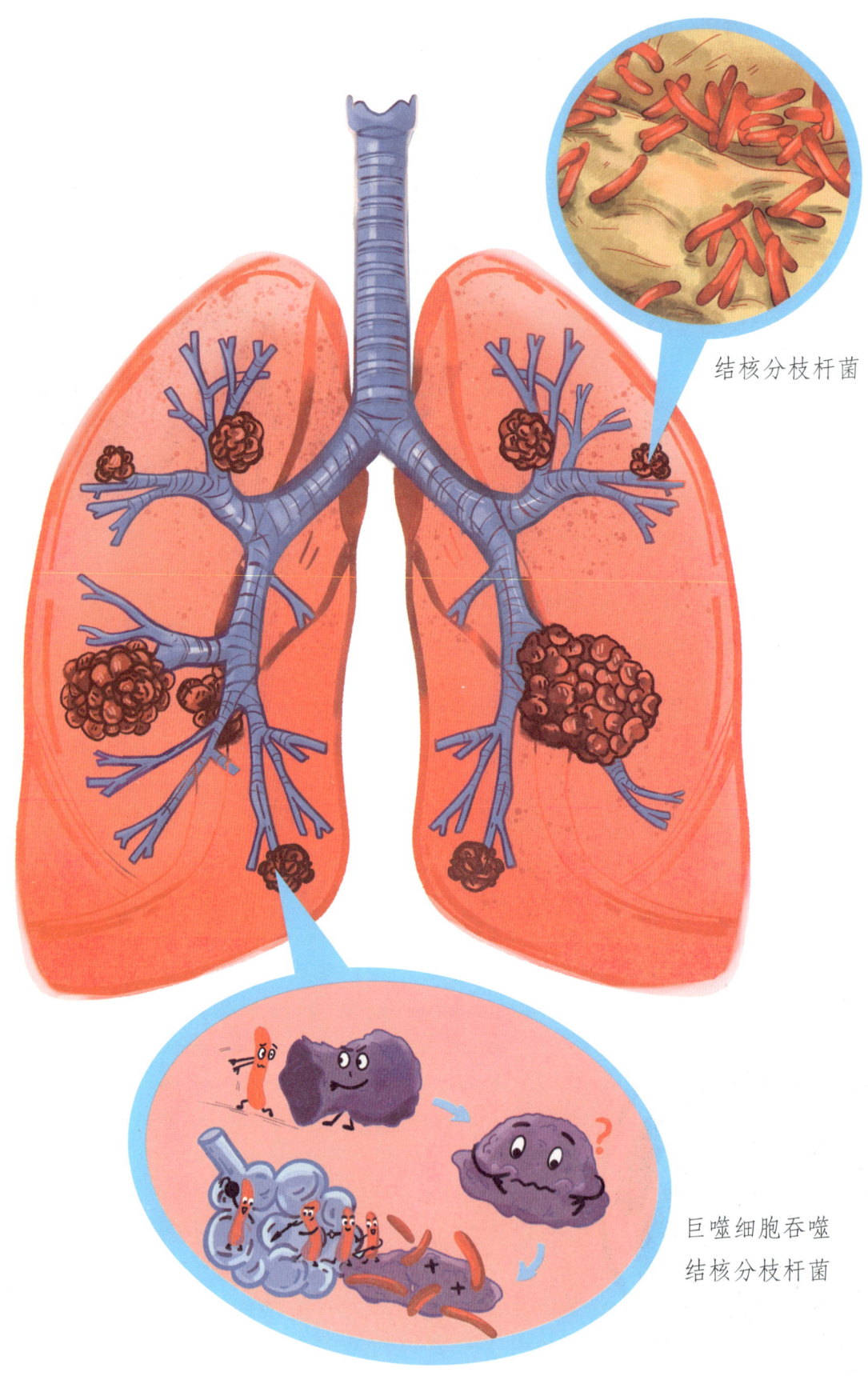

结核分枝杆菌

巨噬细胞吞噬结核分枝杆菌

❷ 可怕的结核病

1939 年 10 月，鲁迅因肺结核病逝于上海。结核病是一种由结核分枝杆菌引起的慢性感染性疾病。结核分枝杆菌大多经过呼吸道侵入人体，肺部又具有其生长繁殖最适宜的条件，所以肺结核是最常见的结核病。

让我们以肺结核为例，来说说结核分枝杆菌是如何让人生病的吧。你或许会问，细菌进入人体里，不是应该被免疫系统消灭吗？在这里，我们就要说一说巨噬细胞了。巨噬细胞是一种免疫细胞——执行免疫功能的细胞，具有吞噬消化、抗原处理和呈递等功能。结核分枝杆菌进入肺部后，肺泡中的巨噬细胞会将它们吞噬。但是由于具有特殊的结构，结核分枝杆菌在被吞噬后并不能被消灭，还反过来把巨噬细胞变成自己的保护伞，并在其中大量繁殖，最终"撑破"巨噬细胞，引发细胞免疫反应，导致肺结核。

尽管结核病很可怕，但我们可以通过增强体质、接种卡介苗等方式预防。得了结核病的人也可以采用抗结核药和手术等方式进行治疗。

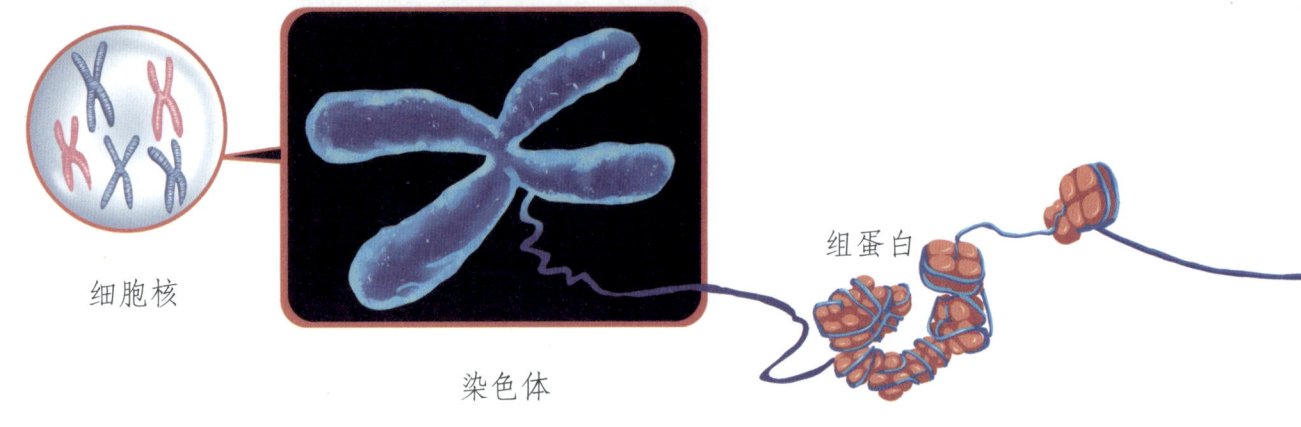

细胞核　染色体　组蛋白

3 我们为何相像又不像？

为什么即使是亲兄弟，比如鲁迅先生和他的三弟，也会"哪儿都像，就是有一点不像"呢？鲁迅先生的鼻子"又扁又平"，而他三弟的鼻子"又高又直"，这是为什么呢？

奥秘就在我们看不见的基因里。DNA（脱氧核糖核酸）是主要的遗传物质。对我们人类来说，一个DNA分子上有许多个基因，基因通常是有遗传效应的DNA片段。基因决定了我们是什么血型，是单眼皮还是双眼皮，是直发还是卷发……细胞核内的DNA分子和它们所携带的基因大多有规律地集中在染色体上。我们人类的体细胞中有23对染色体，基因大约有2.6万个。我们可以通过将一个个汉字有规律地进行排列组合来保存信息，而DNA、基因保存遗传信息靠的是碱基。DNA是以4种脱氧核苷酸为单位连接而成的长链，这4种脱氧核苷酸又分别有一个特定的碱基，这4种碱基是A（腺嘌呤piào lìng）、T（胸腺嘧啶mì dìng）、G（鸟嘌呤）、C（胞嘧啶）。遗传信息就蕴藏在这4种碱基的排列顺序之中。

现在，让我们来做个有趣的比较。你知道人和猩猩有多相似吗？人和猩猩的某段同源DNA的差异为2.4%。就是这小小的差别，

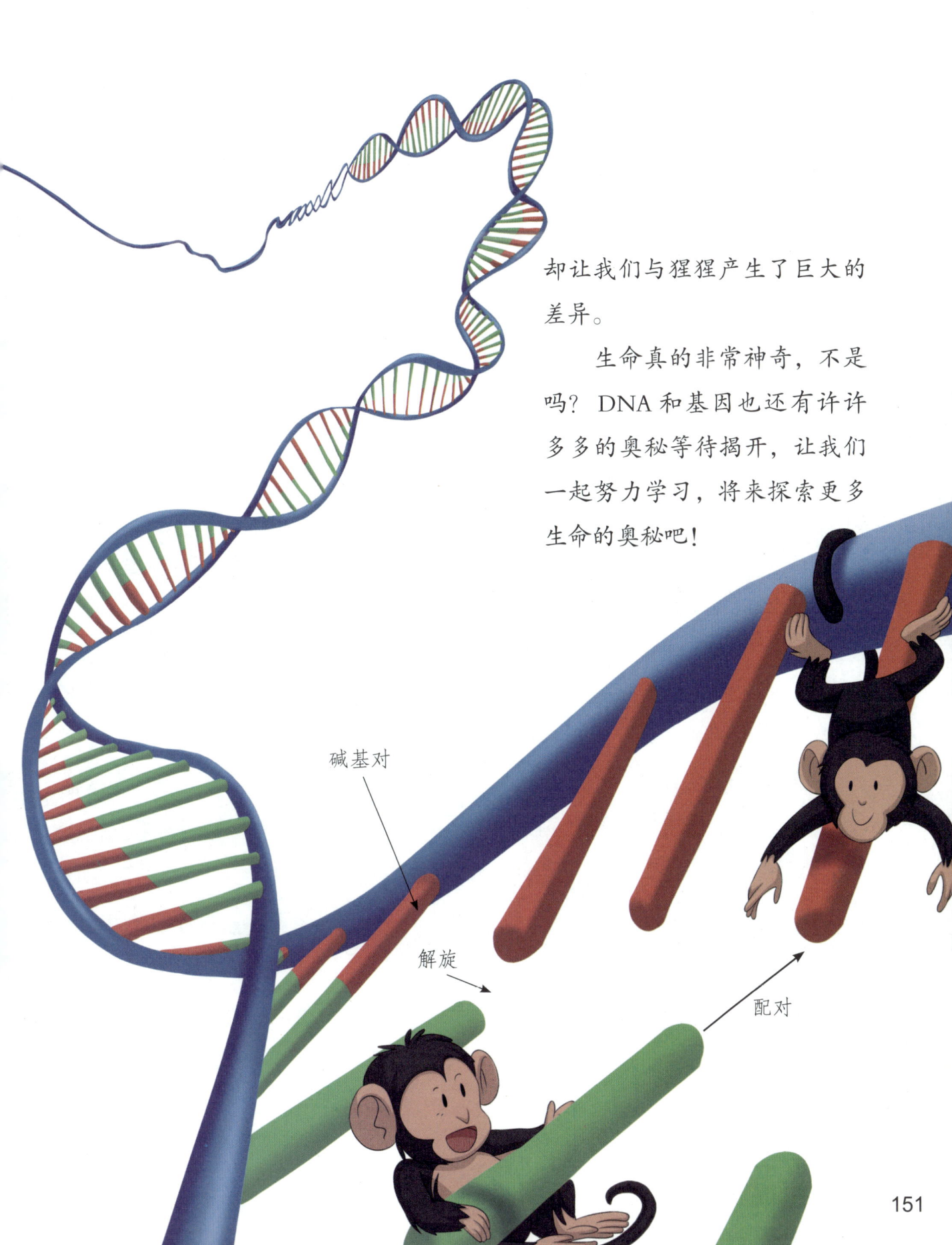

却让我们与猩猩产生了巨大的差异。

生命真的非常神奇，不是吗？DNA和基因也还有许许多多的奥秘等待揭开，让我们一起努力学习，将来探索更多生命的奥秘吧！

碱基对

解旋

配对

28 有的人——纪念鲁迅有感

跨学科方向 历史

在臧克家先生笔下，鲁迅是"他活着为了多数人更好地活的人"。那臧克家是什么样的人呢？他所说的被"人民永远记住"的人是什么样的呢？鲁迅诗句中的"孺子牛"有什么典故呢？我们一起来看一下吧。

❶ 臧克家

臧克家出生于1905年，山东诸城人，是中国著名诗人。臧克家所作的诗讲究**炼字炼意**，音调自然和谐，富有社会意义。

臧克家和中国著名诗人、学者闻一多还有一段有趣的缘分。这要从1930年，臧克家报考国立青岛大学（山东大学的曾用名）说起。臧克家从小受到祖父和父亲的影响，打下了良好的古典诗文基础。报考国立青岛大学时，虽然数学只考了0分，但他凭借3句、28个字的**杂感**得到了闻一多的赏识，以98分的高分在国文一科夺冠，并被破格录取。此后，臧克家得到了闻一多的悉心教导。1933年，臧克家的第一本诗集《烙印》出版时，闻一多不仅联系王统照一起慷慨解囊进行资助，还亲自作序。

诗人们呵
请放开你们的喉咙
除了高唱战歌
你们的诗句将哑然无声

臧克家还是"一名在百年历史风云中不屈不挠始终如一的永远的战士"。在报考国立青岛大学之前，臧克家还曾考入武汉中央军事政治学校，并曾随国民革命军部队讨伐反动军阀。1937年，卢沟桥事变后，臧克家在《我们要抗战》中发出了呼吁："诗人们呵！请放开你们的喉咙，除了高唱战歌，你们的诗句将哑然无声！"抗日战争期间，臧克家更是奔赴前方，及时报道亲历目睹的火线战况和将士风采，歌颂了抗战军民的英勇事迹。

2 被"人民永远记住"的人——文天祥

同学,你知道臧克家为什么评价鲁迅说"人民永远记住他"吗?因为鲁迅"俯下身子给人民当牛马""情愿作野草,等着地下的火烧""他活着为了多数人更好地活"……在中国漫漫历史长河中,像鲁迅这样的人不胜枚举,比如写下"人生自古谁无死,留取丹心照汗青"这一千古名句的文天祥。接下来,让我们一起看看文天祥的故事吧。

文天祥是南宋大臣、文学家。他是南宋状元,历任刑部郎官,瑞州、赣州等州知州。元军进攻南宋都城临安(今浙江杭州)时,他招募军士前去救援,并拿出全部家产充作军费。第二年,文天祥任右丞相,到元军大营谈判,却遭到元军扣留。后来他乘机逃出,历经磨难,继续组织南宋余部进行顽强抵抗。兵败被俘后,文天祥被押解到大都(今北京),关押了

将近四年。这期间,元世祖忽必烈还曾亲自对他劝降,承诺给他高官厚禄,他都严词拒绝了。后来,他从容就义,年仅47岁。

文天祥的文学创作以元军攻陷临安为界,分为前后两期,后期诗歌多出于颠沛流离中。他的《指南录》和《指南后录》得名自其诗句"臣心一片磁针石,不指南方不肯休",表现了他力图恢复宋室的不屈不挠的意志。《指南录》中的诗作记录了他所遭遇的艰难险阻,以及他平生战友的事迹。在大都狱中,他写下了大义凛然的《正气歌》,遍举古代胸怀"正气"之士高风亮节的事迹以自勉。让我们一起翻开文天祥的作品,感受一下他为什么会被"人民永远记住"吧。

? 智慧大作战:

你还知道哪些像鲁迅、文天祥这样被"人民永远记住"的人呢?

3 孺子牛

鲁迅的诗句"横眉冷对千夫指，俯首甘为孺子牛"，在中国人尽皆知。"孺子牛"被用来比喻甘愿为人民大众服务的人。你知道"孺子牛"的典故出自哪里吗？

春秋时期,齐国有一位君主叫**齐景公**,他非常喜爱自己的小儿子,也就是孺子。有一次,齐景公陪孺子玩耍时,叼着绳子,扮作一头牛,让孺子牵着走。突然,悲惨的一幕发生了:孺子一不小心跌倒在地,连累齐景公的牙齿也折断了。

大概是想把最好的都留给小儿子,齐景公在去世前,命令国惠子、高昭子立孺子为太子,还下令把自己其他几个儿子迁到"莱"这个地方。孺子即位不久,陈僖子迎回了他的哥哥公子阳生,并拥戴阳生即位。君臣将要盟誓的时候,鲍子说:"女(汝)忘君之为孺子牛而折其齿乎?而背之也!""孺子牛"这个词就出自**《左传·哀公六年》**的这一句。这句话的意思是:"你忘了先君为了给孺子扮牛而折断牙齿的事了吗?你这样做违背了他的愿望呀!"

让我们一起来欣赏一下鲁迅的《自嘲》这首诗吧!

自嘲

运交华盖欲何求,未敢翻身已碰头。
破帽遮颜过闹市,漏船载酒泛中流。
横眉冷对千夫指,俯首甘为孺子牛。
躲进小楼成一统,管他冬夏与春秋。

语文报社领读员培养计划
示范项目

制 作 人　王　峰

主 讲 人　何　桦

领 读 员　马王梓

后期制作　王　璟